Hartmud Plath

Spätchristliche Verdichtungen

Identifizierende Besinnungen auf den tieferen Gehalt und die gegenwärtige Lage des Christentums

Fromm Verlag

Impressum / Imprint
Bibliografische Information der Deutschen Nationalbibliothek: Die Deutsche Nationalbibliothek verzeichnet diese Publikation in der Deutschen Nationalbibliografie; detaillierte bibliografische Daten sind im Internet über http://dnb.d-nb.de abrufbar.

Bibliographic information published by the Deutsche Nationalbibliothek: The Deutsche Nationalbibliothek lists this publication in the Deutsche Nationalbibliografie; detailed bibliographic data are available in the Internet at http://dnb.d-nb.de.

Coverbild / Cover image: www.ingimage.com

Verlag / Publisher:
Fromm Verlag
ist ein Imprint der / is a trademark of
OmniScriptum GmbH & Co. KG
Heinrich-Böcking-Str. 6-8, 66121 Saarbrücken, Deutschland / Germany
Email: info@frommverlag.de

Herstellung: siehe letzte Seite /
Printed at: see last page
ISBN: 978-3-8416-0512-2

Hartmud Plath

Spätchristliche Verdichtungen

Übersicht

Vorbemerkung

Nach dem neutestamentlichen Jakobusbrief soll die *"kostbare Frucht der Erde"*, das ist das Wort Gottes oder der Geist des Evangeliums, sowohl den *"Früh- wie auch den Spätregen"* empfangen haben, ehe *"der Herr kommt"* oder die gegenwärtige Gestalt der Welt durch eine andre ersetzt wird. Wenn wir dieses Wort einmal nur auf das *Verstehen* oder die *Erkenntnis* des Glaubens beziehen: *hat* diese Frucht schon den "Spätregen" empfangen? *Ist* sie bereits durch alle Proben gegangen? Dann wäre es lediglich Zeit für die *Ernte* und ihre Sicherung im Blick auf einen möglicherweise noch bevorstehenden Winter: Zeit für Sichtungen, Rekapitulationen und Konzentrationen – Zeit, sich zu sammeln. Und während im Allgemeinen oder in der umgebenden Welt (einschließlich der großen christlichen Kirchen) in dieser Spätzeit gerade die Flieh- oder die Zentrifugalkräfte wirkten und Kulturen und gewachsene Gestalten sich aufzulösen begönnen, wäre unter den um die Erkenntnis der Wahrheit noch immer bemühten Spätchristen die Verdichtung oder die Konzentration das Gebot: die geradezu noch *verdoppelte* Schärfung des Bewusstseins von der eigenen Identität und der Situation, welche einerseits eine solche der religiös-kulturellen Aus- oder Nachklänge, andererseits die einer letzten Auseinandersetzung nun wäre.

Was für ein Mensch war Jesus?

Fragen wir nach der Identität des Christlichen, so bedarf es zuallererst eines wohlgegründeten Verständnisses Jesu. Jesus der Christus ist dgl. wie die Ursprungsperson des Christentums, des christlichen Glaubens oder der christlichen Kirche. In ihm oder durch ihn erschließt sich für den Christen oder die Christenheit die Welt in ihrer *"Höhe und Tiefe und Weite"* (Eph 3,18). Er ist ihr Licht, ihr Gericht, ihre Logik, ihr offenbar gewordenes Geheimnis.

Allerdings: inwiefern "er"? Er in seinem Denken und Reden und Handeln und Dulden, in seinem *Mensch* Sein? Oder er in seinem Weisen und Verändern, Versöhnen, Erlösen, in seinem *Gott* - oder sagen wir vorsichtiger: in seinem Gottes Handlung und *Wort* Sein?

Indessen würden wir Gottes Handlung und Wort in dieser Person zweifellos nur recht unvollständig verstehen, hätten wir nicht auch die Art seines Menschseins verstanden. Oder stellen wir uns nur versuchshalber vor - wenn denn das Ostergeschehen zu den Winken Gottes vermittels dieser Person entscheidend gehört -, es würde nicht Jesus, sondern einer der beiden mit ihm gekreuzigten *Verbrecher* nach seinem Tode von Gott "auferweckt" und also von ihm "zu Ehren gebracht" worden sein - würden wir auch dann ein Christentum haben? Hätte auch dann unsere Religion den Gehalt, welchen sie hat? Zweifellos nicht! Und so haben wir auch und gerade um des Wortes oder der Handlung Gottes willen, welche wir an der Person Jesu bemerken, Jesus den *Menschen* uns vor das Auge zu bringen.

Wissen wir indessen hinreichend viel über Jesus? Zumindest können wir sagen, dass wir *Einiges* wissen. Wir wissen Einiges von seinem Selbstverständnis, seinem Auftreten und seinem Weg. Und auch wenn dieses in den beinahe einzigen Quellen, welche wir besitzen, in den Evangelien des Neuen Testaments, nicht unmittelbar zu Tage tritt, sondern bereits als durch eine Fülle von Deutungen und Forderungen, welche sich gerade jenem anderen - Gottestat- - Blickwinkel verdanken, vermittelt sich zeigt: das Bild bleibt dennoch deutlich genug.

Es versteht sich von selbst, dass wir bereits die in den Evangelien zu findenden Berichte von einer unter wunderhaften Umständen geschehenden Empfängnis Jesu als später entstandene Legenden begreifen. Nach aller Wahrscheinlichkeit wurde der *"Nazarener"* in Nazareth bereits auch geboren, wuchs, wenn er in der Familie vermutlich auch das älteste Kind war, mit seinen Geschwistern dort auf und war bis zu seinem ungefähr dreißigsten Jahr Holzhandwerker in dem kleinen Betrieb seines Vaters (oder auch Ziehvaters). Vielleicht hat er diesen Betrieb einige Jahre auch selber geführt; denn für die späteren Jahre ist in den Quellen wohl von seiner Mutter Maria, nicht aber mehr von Joseph die Rede.

Nazareth gehörte zum "Galiläa der Heiden", dessen Bewohner im eigentlichen jüdischen Land nicht gerade berühmt wegen ihrer Frömmigkeit waren. Immerhin ist die Familie von Jesus offensichtlich alljährlich nach Jerusalem und zum Tempel gepilgert, um dort am Passafest teilnehmen zu können, und es ist sogar zu vermuten, dass es namentlich die pharisäische Frömmigkeit war, in deren Umkreis Jesus heranwuchs und die ihn insofern bis zu seinem dreißigsten Jahr auch geprägt haben wird - eine Frömmigkeit, die z.B. die sonst insbesondere für den Gang in den Tempel zu beachtenden Reinheitsvorschriften allgemein auch im Alltag zu verwirklichen suchte. Eine Frömmigkeit notwendigerweise denn auch, in welcher sich Enge und Ernst miteinander verbanden, Formenstarrheit und Eifer, religiöse Inbrunst und Äußerlichkeit.

Es ist schlechterdings nicht zu erkennen, welche Entwicklung die Religiosität Jesu *vor* seinem dreißigsten Jahr bereits nimmt. Wir werden lediglich seine religiöse Wachheit *im allgemeinen* feststellen dürfen - mit der Begründung z.B., dass er sich auf den Weg schließlich macht, um hundert Kilometer entfernt und nicht weit von der Einmündung des Jordans in das Tote Meer den Prediger und Täufer Johannes zu hören. Von der Johannespredigt empfängt Jesus als Anstoß, dass das Reich Gottes nicht in die Gesetzesbefolgung eines religiös geregelten Alltags umgesetzt werden will, sondern als richtende Gewalt gegenüber dem menschlichen Eigennutz hereinbrechen wird und mit diesem seinem Hereinbrechen im übrigen auch nahe bevorsteht. Nicht mit seiner *Legalität* steht der Mensch in Wahrheit vor Gott, sondern mit seiner *Moralität.* Und er steht mit seiner *unzulänglichen* Moralität Gott gegenüber! Johannes "predigte die Taufe der Umkehr zur Vergebung der Sünden". Diese "Umkehr" ist nun aber wiederum nicht legalistisch misszuverstehen - etwa als eine andere Form der Entsühnung im Zusammenhang einer unzureichenden Gesetzesbefolgung, sondern es geht um die Änderung in der gesamten Gesinnung und das zeichenhafte "Ersäuftwerden" (Luther) des alten Menschen zugunsten des neuen.

Auch Jesus wird von dem neuen Gedanken erfasst und unterzieht sich der Taufe. Aber bei ihm begibt sich nun darüber hinaus, dass an die Stelle von Legalität Moralität tritt, noch eine *religiöse* Erweckung bzw. es tritt der Sachverhalt ein, dass eine neue Religiosität selbst noch die Moralität wenn nicht überhöht, so doch verändert. *Wie* es zu dieser Erleuchtung kommt, ist lediglich zweitrangig bedeutsam, die Quellen legen eine Audition nahe, welche Jesus, als er nach der Taufe wieder aus dem Wasser heraussteigt, gehabt haben würde. Deutlich ist jedenfalls, dass ihm nach der Überlieferung und nach seinem eigenen Verständnis von *außen,* von Gott selbst etwas zukommt, und entscheidend ist der Gehalt: *"Du bist mein geliebter, mir wohlgefallender Sohn."* Dieses Erlebnis stiftet nun dem Selbstbewusstsein von Jesus seine eigentliche religiöse Identität: 1.) indem sie seinen moralischen Ernst spornt und bestimmt, 2.) indem sie sich zu einer allgemeineren Gültigkeit klärt. Das religiös-moralische Bewusstsein von Jesus ist von nun an durch den Gedanken der liebenden Vaterschaft Gottes bzw. der sich geliebt und erhoben wissenden Kindschaft (des näheren sogar Sohnschaft) des glaubenden Menschen Gott gegenüber geprägt. Wir können auch sagen: Das Bewusstsein dieser wagenden Glaubensgewissheit, um die es sich handelt, ist seiner *Form* nach ein Königskind-Bewusstsein, nach seinem *Gehalt* aber ist es bestimmt durch die als der höchste Ernst und als die höchste Wahrheit aufgefasste vertrauende Liebe.

Sogleich konkretisiert sich dieses Bewusstsein von Jesus nun auch moralisch als das einer *Sendung:* er weiß sich berufen, ermächtigt, beauftragt, den von ihm begriffenen Gott zu vertreten und dem Wahn oder Falschreligiösen in seinem für das Begreifen des Wollens und Sinnens Gottes nach wie vor am meisten prädisponiert zu sein scheinenden Volkes das Echte entgegenzustellen, aber auch die menschliche Natur überhaupt, sofern sie kaltherzig ist, eigensüchtig und träge, für es zu erwecken (obgleich hierzu angemerkt werden muss: in allererster Linie bezieht Jesus seine Sendung nicht auf dieses Allgemeinmenschliche, sondern auf die mentale Veränderung seiner ihm angestammten *Religion* - er setzt sich mehr mit *ihr* auseinander als mit "Natur"-Realitäten, etwa auch politischen, wirtschaftlichen, sozialen; allenfalls *eine* "Naturrealität" hat er verstärkt mit im Blick: die der *dämonischen* Beherrschtheit des Menschen.)

Jesus heilt Kranke, und selbst wenn er diese Heilungen immer gern auf den Glauben bzw. das Vertrauen der Geheilten selbst oder der ihn Ansprechenden und Bittenden zurückführen möchte - es ist offenkundig, dass *er* doch der Heilende ist. Sein Glaube ist von einer großen und geradezu überwältigenden Überzeugtheit getragen, wenn wir an dieser Stelle das andere *nicht* sagen wollen, es habe tatsächlich *Gott* sich mit ihm in einer außerordentlichen Weise verbunden.

Jesus vertritt und predigt nicht einfachhin Gott als den Vater im Himmel, sondern den *Glauben* an diesen, ja in gewisser Weise vertritt und predigt er sogar den Glauben, welcher dem *Glauben* vertraut: *"Wenn ihr Glauben habt so klein wie ein Senfkorn und sprecht zu jenem Berg: Heb dich ins Meer!, so wird er es tun!"* Indessen bleibt aber auch so jener schon namhaft gemachte Gehalt in der Mitte, dass der Mensch sich in die ernsthafte und liebende Vaterschaft Gottes im Himmel hineinstellt und auch seinerseits diesen Gott nun vertritt: seine keine Unterschiede zwischen den Menschen machende Güte und Barmherzigkeit und den Anspruch seines Reichs und seiner Wahrheit auf die Herzen der Menschen, welche überhaupt religiös zu empfinden vermögen. So ernst es für Jesus ist mit der Vaterschaft Gottes - niemand auf Erden ist nun überhaupt noch "Vater" zu nennen - so ernst ist es Jesus auch mit seinem Vertretungs- und Vollmachtsbewusstsein (Austreibung von Dämonen und Heilung von Kranken) und andererseits mit dem königlichen Freiheitsbewusstsein der Kindschaft als einer Freiheit von Gesetzen und Regeln, wie sie zwar als religiös begründbar erscheinen, aber nun dennoch nicht dem Anspruch von Gottes unendlicher Liebe genügen - und so bricht Jesus beispielsweise das Sabbatgebot nicht nur in Notfällen, sondern, wie es scheint, bewusst auch provokatorisch. Das Reich Gottes, welches Johannes der Täufer als ein großes und bereits nahegerücktes Gericht kommen sah (und welches auch für Jesus auf bestimmte Weise ein Gericht immer noch ist), besteht doch für ihn weniger in einer Aufrichtung des Zorns als in einem ans Licht Treten der Liebe, der Freiheit, der Vergebung, der Heilung - und es ist bereits Gegenwart in den von ihm ergriffenen oder sich ergreifen lassenden Menschen.

Wie vertritt Jesus dieses Reich *argumentativ?* Er tut es einerseits mit Rückgriffen auf die vertraute religiöse Tradition, auf die heiligen Schriften - wenn auch notwendigerweise in Auswahl: das Wahre schlummert in dem Überlieferten schon, aber es ist dort auch wieder verdeckt, und der neue Wein bringt gewöhnlich auch die alten Schläuche zum *Platzen.* Andererseits spricht Jesus -

ohne sich allerdings (wie vergleichsweise Mohammed) auf persönliche Offenbarung berufen zu wollen -, in selbstgewisser Autorität: *"Ihr habt gehört, dass gesagt ist - ich aber sage euch!"* Vor allem aber versucht Jesus, das Reich Gottes beispiel- und gleichnishaft deutlich zu machen: er lehrt die Güte Gottes aus der Beobachtung seiner Schöpfung, und er lehrt die Achtsamkeit auf das Empfinden und Urteilen des eigenen, menschlichen Herzens: Wenn in diesem Herzen offenbar dgl. wie Vertrauen, Güte und Liebe sich finden - wie sollten sie dann in dem Herzen Gottes nicht erst recht zu finden sein dürfen!

Indessen muss aber eben das Reich Gottes sich einerseits auseinandersetzen mit der trägen und sich verstockenden Welt oder Natur, andererseits und konfliktreicher noch mit der trägen und sich verstockenden bzw. ihren Stachel nun zeigenden *Religion.* Jesus sammelt in der Welt und unter den Religiösen gleichsam die, welche berufen oder bestimmt sind, dem Reich zu gehören, aber seine Sache muss nun außerdem auch noch zu einem sozus. äußersten *Austrag* gelangen, und außer dass Jesus lehrt und predigt und heilt, fasst er auch diesen unumgänglichen Austrag ins Auge. Er provoziert ihn sogar - dabei von früh an schon wissend, dass die Auseinandersetzung mit seinem eigenen gewaltsamen Tod einhergehen wird. Am *Anfang* seiner Sendung hatte eine Taufe gestanden, am Ende wird Jesus *noch einmal* durch einen Untergang hindurchgehen müssen. Die Vertretung des Reiches darf nicht eine lediglich vorläufige bleiben, sondern es muss hier zu einer Unbedingtheit und Endgültigkeit, es muss auch äußerlich oder zeichenhaft zu einem Äußersten kommen. Was dann dieser Austrag bewirkt, weiß Jesus nicht. Und wenn er persönlich zwar mit dem Pharisäertum an eine Auferstehung von den Toten geglaubt und gelegentlich das Auferstehungsleben unter den Bildern eines Gemeinschaftsmahls und des geschlechtslos Existierens begriffen hat - dies berührt natürlich durchaus nicht die Frage nach dem Ertrag seines Sterbens für die von ihm vertretene Sache! Wird dieses Sterben ein Fanal sein oder auch lediglich das wieder Erlöschen eines großen Gedankens oder einer großen Idee? Diese Entscheidung ist zuletzt offen, und in dieser Offenheit *stirbt* Jesus am Ende!

Was für ein Wort Gottes ist Jesus?

Wir haben im vorigen Abschnitt gefragt, was für ein Mensch Jesus *war,* und selbst wenn ein Mensch eine geschichtliche Wirkung - vielleicht sogar eine sehr große geschichtliche Wirkung gehabt hat: er *war* mit seinem Tod dieser Mensch, den wir so und so zu beschreiben vermochten, er *ist* es nicht mehr. Was er noch allenfalls *ist,* das ist er in seiner *Bedeutung,* welche er für noch oder jetzt Lebende hat. Und sollte diese Bedeutung gar überwältigend sein, so ist er dergleichen wie eine Anrede *Gottes* an sie.

Indessen gibt es viele mögliche Anreden Gottes an uns. Gott kann uns (wenn wir uns einmal lose an eine Bemerkung des Theologen Karl Barth anschließen wollen) durch die Schönheit, aber auch durch die Unerbittlichkeit der Natur, er kann uns durch die Kraft und Schönheit der Jugend ansprechen, aber auch durch die Gebrechlichkeit und Unwiderruflichkeit unseres Alterns. Er kann uns ansprechen durch Kontinuitäten oder Umwälzungen innerhalb der Geschichte. Er kann uns ansprechen durch erhebende oder verstörende Kunst. Er kann uns ansprechen durch Ordnungen oder Gesetze, welche Menschen sich selber zu geben vermögen. Er kann uns aber auch ansprechen durch Menschen, welche Charakter und Persönlichkeit sind - und vermutlich spricht er uns durch diese letzten immer am eindringlichsten an.

Ist Jesus ein solches Wort Gottes an uns, welches durch Charakter und Persönlichkeit spricht? Wir werden Jesus Charakter und Persönlichkeit jedenfalls zusprechen müssen, wir bemerken Zuwendungsbereitschaft, aber auch Unerschrokkenheit und Geradlinigkeit in seinem Umgang mit Menschen - auf dem Weg seiner Sendung, auf seinem Weg in den Tod. - Und dennoch, es fehlt uns hier manches, dessen es immer für einen starken Eindruck noch ergänzend bedarf und das nun unsere Phantasie im Falle von Jesus erst hinzubringen müsste: es fehlt uns der Klang seiner Stimme, es fehlen uns sein Tonfall, sein Mienenspiel, sein Gesicht, seine Gestik und äußere Haltung - alles in allem fehlt uns dgl. wie seine persönliche *Aura.* Kaum besitzen wir über ihn Anekdoten, welche an dieser Stelle einen gewissen Ersatz bieten könnten. Und so bleibt jedenfalls der charakterliche und persönliche Gesamteindruck doch irgendwie arm - zu arm, um sich als Anrede Gottes an uns überwältigend vor den Eindruck zu schieben, welchen andere zuwendungsbereite, unerschrockene und geradlinige Menschen auf uns machten und machen. Wir empfinden zwar stets dieses *Bedürfnis,* in Jesus Person und Charakter zu sehen und sind auch sehr interessiert, diesen oder jenen persönlichen oder charakterlichen Zug noch neu zu entdecken - Jesus scheint mitunter zum Beispiel auch überraschend schroff oder ungeduldig oder gar rasend gewesen zu sein -, aber das Wort Gottes an uns - wenn er es ist - ist er aus einem *anderen Grund* und an einer *anderen Stelle:* er ist es durch die *Idee,* die er - in der Tat unter Einsatz seines Lebens - vertrat und die in unseren Gewissen und Herzen einen unendlichen Widerhall findet. Er ist es uns darüber hinaus auch dadurch, dass er uns als von Gott selbst *beglaubigt* erscheint: in seiner Wunderkräftigkeit, in seinem Heilungsvermögen - vor allem aber auch durch das, was wir als seine "Auferstehung" oder "Auferweckung" von den Toten bezeichnen. Beides imponiert sich uns als eine Bestätigung dessen, was dieser Mensch war oder wollte, aber es ist nun auch noch weiterhin sprechend als ein Tun Gottes, welchem Jesus geradezu ein bloßes Objekt oder Medium zu sein scheint.

Gerade an das Auferweckungsgeschehen haben sich jedenfalls in der ersten Christenheit ganz eigene Gedanken über das Tun Gottes geknüpft: dass es sich nicht allein um eine Beglaubigung handle (oder auch um die Rehabilitierung eines, der nach jüdischer Überzeugung als den Kreuzestod leidend unmittelbar auch ein von Gott *Verfluchter* sein musste), sondern dass in dem Kreuzestod selbst eine Heilswirksamkeit liege. Dieser Gedanke konnte sogar in einem solchen Maße in den Vordergrund treten, dass dahinter das Anliegen und die Sendung des predigenden (und heilenden) Jesus so gut wie bedeutungslos wurden. Gottes Wink an die Menschen bewegte sich jetzt *allein* noch in diesem Miteinander aus Karfreitag und Ostern: der Gekreuzigte war zum Auferweckten geworden, der Auferweckte aber konnte nicht anders denn als der Gekreuzigte eine Bedeutsamkeit haben.

Es ist vor allem der Apostel Paulus gewesen, dessen urchristlicher Glaube aus dieser Logik gelebt hat und den man nicht zu Unrecht einen zweiten Gründer des Christentums nennt - er wäre sogar der eigentliche und erste zu nennen, wenn wir zugeben müssten, dass das paulinische Christentum geschichtlich das einzige bedeutsame ist - und Jesus selbst wollte ja in der Tat nicht ein "Christentum" gründen, sondern das "Evangelium" oder das "Reich Gottes" unter den Menschen errichten.

Wenn nun nach Paulus der einen Fluchtod gestorbene Gekreuzigte von Gott auferweckt worden ist, so ist er natürlich auch für ihn zunächst einmal rehabilitiert und beglaubigt; und natürlich ist durch das Auferweckungsgeschehen auch der Glaube an eine allgemeine Auferstehung von den Toten bekräftigt. Aber die Frage muss lauten: Was ist nun des näheren durch das von Gott selbst zugelassene *Kreuz* gesagt und verändert? *"Verflucht ist, wer am Holze hängt",* so sagen die alten heiligen Schriften der Gesetzesreligion. Aber war denn überhaupt dieser verflucht, wenn sich doch Gott selbst mit ihm einverstanden erklärt hat (wie eben seine Auferweckung erweist)? Entweder er war es - dann kann es sich allein um ein *stellvertretendes* Verfluchtwordensein handeln - und zu wessen Gunsten dann wohl? Oder er war es in Wahrheit und Wirklichkeit *nicht,* dann muss die alte Gesetzesreligion an dem jetzt offenbar gewordenen wahren Sachverhalt zwischen Gott und den Menschen zerbrechen - welchen Sinn hatte dann aber *je* das Gesetz? Paulus behauptet auf gewisse Art *beides,* aber er bedarf nun auch noch eines weiteren Gedankens, der in seiner Begründung oder Herkunft von Paulus nicht ausgeführt wird, ohne dessen Voraussetzung aber die paulinische Theologie nicht ist, was sie ist, dass nämlich der "Mensch" Jesus in einem - zunächst exklusiven Sinn - Gottes Sohn *immer schon* war. Und nun hat die paulinische Religion diesen Inhalt: Gott gibt seinen - selbstverständlich sündlosen, d.h. in der ungetrübten Übereinstimmung mit ihm stehenden - Sohn in den Schmach- und Kreuzestod hin (wie auch dieser Sohn in der Übereinstimmung mit dem Vater sich seinerseits hingibt), damit sich zum einen Gottes Liebe zu den Sündern erweist (die ja die Verschonten nun sind), diese sich also mit Gott *versöhnt* wissen dürfen, zum andern aber auch die *Schulden*last unter den Menschen als durch das stellvertretende Opfer erloschen, bezahlt oder getilgt aufgefasst werden kann, u.z. einfürallemal (und d.h. nun auch: einschließlich möglicher inskünftig noch begangener Sünden).

In seine eigene Sohnschaft nimmt nun aber Jesus der Christus auch die sich versöhnen Lassenden *mit hinein:* Die ursprüngliche Exklusivität in dieser Beziehung öffnet sich zur Inklusivität hin, und es haben die Christus-gläubigen als *"neue (und andere) Kreaturen"* Anteil an Geist, Freiheit und mündiger Kindschaft und an dem ewigen Leben. Jesus selbst aber, der ursprünglich "nur" Gottes Sohn war, ist um seines gehorsamen, in den Willen des Vaters einwilligenden Ganges in den Kreuzestod willen noch einmal zu einer ganz *neuen*

Würde erhoben. Er hat nun nämlich den eigentlich Gott allein gebührenden Königs- oder *Herren*-Titel bekommen. Für die gesamte Zeit wenigstens dieses gegenwärtigen Weltalters ist er gleichgestellt mit der göttlichen Würde, ja er ist wirklich regierend - er vertritt Gott als der "Herr"! Gott selbst wiederum steht nun in der Ehre des *Vaters,* und erst am *Ende* der Zeiten werden sich die Verhältnisse noch ein letztes Mal wieder verändern; dann wird nämlich Christus seinen "Herrentitel" wieder an den Vater erstatten, und *"Gott wird dann sein alles in allem".*

Was für ein Wort Gottes ist Jesus? Von dem Apostel Paulus her kann diese Frage, wenn wir an die *Person* Jesu denken, keine Beantwortung finden; denn das eigentliche Wort Gottes ist für Paulus Gottes *Tat an* und *mit* seinem Sohn: dass er ihn sendet, dass er ihn kreuzigen lässt und wiederum erweckt von den Toten.

Anders verhält es sich bei dem Evangelisten Johannes, und was bei Paulus noch eine irritierende Fremdheit gegenüber dem Selbstverständnis und Sein des wirklichen oder geschichtlichen Jesus bedeutet, vermag der vierte Evangelist auf eine Weise zu harmonisieren, dass tatsächlich die Menschenperson nunmehr zur Gottesperson wird - *als* Gottes Wort. Beinahe wie ein paulinischer Satz mag es zwar klingen: *"So sehr hat Gott die Welt geliebt, dass er seinen eingeborenen Sohn gab, damit alle, die an ihn glauben, nicht verloren werden, sondern das ewige Leben haben",* aber dieser Satz spricht keinesfalls von dem *Kreuzestod* Jesu, sondern davon, dass Gott uns sein *Wort* gibt: Der Mensch Jesus - nicht ein präexistierender Gottessohn, sondern der nazarenische Zimmermann - ist das "fleischgewordene" Herzenswort Gottes, und er ist nicht allein *Gottes* innerster Sinn, sondern der innerste Sinn auch der *Welt.* Alles, was ist, ist auf dieses "Wort" hin orientiert. In der Wirklichkeit des "eingeborenen Sohnes" schlägt das Geheimnis der Welt, schlägt der Sinn allen Lebens seine Augen erst auf! Jesus ist - als Person! - *"voller Gnade und Wahrheit";* er ist - als Person! - die Huld und Zuwendung, die Aufgeschlossenheit und Offenbartheit des Innersten Gottes - und die Offenbartheit zugleich auch des Innersten in der Welt oder im *Menschen;* denn es ist überhaupt auch die *Bestimmung* des Menschen, Kind Gottes des Vaters, des Höchsten zu sein. Keine andere Bedeutung hat die Sendung von Jesus als die Bezeugung oder das Offenbarmachen Gottes: Gott gibt uns diese Person - diesen Anblick seiner selbst sozusagen -, und wenn nun Gottes Geist in uns weht - aus uns selbst her dem entgegenkommt, so müssen wir sagen, dann erkennen wir in dieser Person Gott; dann zieht es uns zu ihr hin; dann bilden die zu ihm Hingezogenen wie von selbst einen Bund, eine Gemeinde, welche allerdings in der ansonsten unaufgeschlossen bleibenden Welt immer ein Fremdkörper sein muss; denn Gottes Geist weht nicht in *allen,* welche Menschenangesicht tragen – *"er kam in sein Eigentum, aber die Seinen nahmen ihn nicht auf".* Seine Gemeinde wird innerhalb der sie umgebenden Welt immer eine "geängstigte" *Minderheit* sein. Aber wie bereits er, der da den Seinen als das Urbild der Wahrheit erscheint und vorangeht, das *"Gotteslamm"* ist, welches *"die Sünden der Welt"* - nicht etwa stellvertreterhaft sühnt, auf sich nimmt, trägt, sondern *er*trägt, *aushält,* können und werden in der Kraft des Geistes auch die ihm Angehörenden Ertragende und Überwindende sein.

Weder Karfreitag noch Ostern haben für den vierten Evangelisten eine zentrale Bedeutung, sondern, wenn wir schon die christlichen Hauptfeste hier beiziehen wollen, das Christfest und Pfingsten: dass das Wort Gottes Mensch unter uns wurde und dass es den Geist gibt, der dieses Wort unter uns noch weiter vertritt, wenn auch Jesus für uns in seiner Anschaulichkeit nicht mehr präsent ist - um diese beiden Faktizitäten dreht sich hier alles. Der johanneische Christ hat eine durch Jesus erschlossene und nunmehr geistvermittelte Beziehung zu *Gott.* Es gibt für ihn so auch z.B. *kein Beten zu Jesus,* dem "erhöhten Herrn", wie dies für den paulinischen Christen noch eine Möglichkeit war - er kennt auch überhaupt Jesus nicht als den "Herrn", der - wenn auch lediglich für die gegenwärtige Weltzeit - an der Herren-Stelle Gottes nun stünde, sondern er kennt allein die ihm durch den Geist immer wieder erneuerte "Erinnerung" Jesu, und diese klärt und kräftigt sein Wesen und Dasein, bis schließlich auch er durch das Sterben hindurch seine Geburt zu dem ewigen Leben, in welches er in gewisser Weise doch auch jetzt schon gelangt ist, vollendet. Kein "jüngstes" oder höchstes Gericht wartet am *Ende,* aber es gibt ein gewisses Gericht, nämlich eine Entscheidung in der *Gegenwart* schon, und diese besteht einfach nur darin, dass sich für die einen die Bedeutung von Jesus als Wort, Leben, Licht usw. erschließt, während sich die anderen ihr gegenüber verschließen bzw. verschlossen schon sind.

Und worin besteht für den johanneischen Christen das Heil? Entschieden in der Erkenntnis des ewigen Vaters und entsprechend seines eingeborenen Sohnes! So wie dieser Sohn *selbstbewusst* (in dem doppelten Sinne des Wortes) Gott "ist", Gott nämlich vertritt, repräsentiert, sollen auch die Christen als seine Freunde (und nicht etwa als Knechte) das ihnen Erschlossene repräsentieren. *"Das ist das eigentliche Leben, dass sie dich erkennen (erkennen!) und den du gesandt hast."*

Die christliche Aufhebung von Gesetz und Natur in den Geist

Wie sich das paulinische Christentum in der Auseinandersetzung mit dem Gesetz und dem Judentum seiner selbst bewusst wird, so das johanneische in der Auseinandersetzung mit der Frage nach dem Weltsinn und (selbst wenn der Verfasser des Johannesevangeliums Judenchrist gewesen sein sollte) dem Griechentum. Die Wahrheit des Evangeliums, wenn sie denn eine solche überhaupt ist, muss als eins seiend mit dem *„ausgesprochenen"* Wort Gottes aufgefasst werden können, *und:* sie muss als eins seiend aufgefasst werden können mit dem „Logos" der Welt oder der Natur. Es muss sich in gewisser Weise der hebräische Gott in ihr wiederzuerkennen vermögen wie auch der griechische Mensch.

Es ist klar: wir haben es hier mit verschiedenen, ja geradezu entgegengesetzten Weltentwürfen zu tun, aber allein, wenn sozus. ihre Aufhebung in ein Anderes oder Drittes gelingt, kann auch das Evangelium vor der Wahrheit, der Vernunft oder dem Geist gerechtfertigt sein. Indessen ist aber in dieser Problemstellung bereits auch die Antwort gegeben: Natur und Gesetz müssen sich aufheben in Geist bzw. sie müssen als von Anfang an dem Geist schon entspringend darlegbar sein.

Begreifen wir zunächst das Gesetz! Das Gesetz ist im jüdischen Sinne das erlassene, verordnete: Mose soll es auf dem Berg Sinai empfangen haben von Gott. Das Gesetz ist für den Menschen ein Fremdes, fremd wie Gott selbst - auch wenn Gott der Schöpfer ist im Verhältnis zu seinen Geschöpfen, auch wenn das Gesetz nicht lediglich erlassen ist, um dieses Schöpfers Ehre gewährleistet zu haben, sondern den Menschen selber zugute. Die Menschen haben es nicht als Naturinstinkt aus sich selbst, sie haben es sich nicht selbst in autonomer Freiheit gegeben, so stellt es sich in der jüdischen Religion dar. *Verhält* es sich aber so? Denn der der Welt gegenüberstehende Schöpfer ist doch zweifellos eine Aufstellung des *Menschen-* oder sollen wir nun eben sagen: des *Geistes!* Auch das Gesetz, welches als eine Erlassung des Höchsten einem Volk vorgestellt wird, ist doch unter einem anderen Blickwinkel eine Aufstellung eben genau dieses Volkes oder - aber was soll das für einen Unterschied machen! - eines oder mehrerer *einzelner* Geister aus ihm! Was hier also in der *Form* einer Heteronomie aufscheint, muss sich dennoch einer Autonomie immer verdanken, nur dass sich diese Autonomie noch durchaus nicht selber *versteht*. Und so empfinden sich denn die Israeliten Gott gegenüber nicht als freie, sondern als Knechte - wenngleich auch nach der anderen Seite hin wieder als *erhobene* Knechte; denn sie denken sich als Gottes Erwählte. Gott, so der Gedanke, welcher der Schöpfer der Welt ist, hat sich ein „Volk seines Eigentums" aus allen übrigen Völkern erwählt, er hat dieses Volk aus seiner Gefangenschaft in Ägypten befreit, und er hat ihm die Verheißung eines Landes gegeben - sodann aber auch ein Gesetz, an dessen Erfüllung oder Nichterfüllung sich Segen oder Fluch knüpfen muss.

Ein solches Bewusstsein *schwebt* gleichsam beständig zwischen Knechtschaft und Freiheit, wobei es doch überwiegend durch die Knechtschaft bestimmt bleiben muss. Auf der anderen Seite nun aber, und wir sagen abgekürzt: bei den Griechen, finden wir den Gedanken, dass das Göttliche sich durch die Natur repräsentiert, die Natur geradezu das Göttliche *ist!* Und zwar die Natur in ihren unabänderlichen Gesetzmäßigkeiten, ihrem Sinn, ihrem Logos. Die Natur, welche sich wohl in Leib, Seele und Geist auffächern lässt, aber doch auch so immer nur einer einzigen großen Gesetzmäßigkeit folgt, der nämlich der „Physis", welche der menschliche Geist mehr oder weniger zu erkennen vermag, mit welcher er vor allem aber frei und gestalterisch sich in Übereinstimmung zu bringen, gegen die er äußerstenfalls sich sogar - selbstbewusst vermöge seiner Geisthaftigkeit - titanisch zu behaupten versucht. War es bei den Juden die Ehrfurcht gegenüber dem Schöpfergott, welche sie band und also ihre Religiosität prägte, so ist es hier die Ehrfürchtigkeit gegenüber dem „Kosmos", gegenüber der ewigen Ordnung des Alls. Der jüdische Fromme „resigniert" *Gott* gegenüber, fügt sich seinem Willen und Tun, der griechische Fromme „resigniert" gegenüber der Welt, den Gesetzen, durch welche sie sich in der Ordnung erhält, aber auch den Verhängnissen, welche diese Gesetze hier und da für den Einzelnen nach der Erfahrung bedeuten. „Zeichnet" aber der Jude erwählungsstolz „gegen", so der Grieche sich behauptend und tapfer. Für den jüdischen Geist ist Gott außer und *über* der Welt, für den griechischen ist das Göttliche *innerhalb* ihrer. Und wenn zwar die Griechen auch Götter kennen oder verehren (und darunter auch einen obersten Gott) - diese Götter sind doch lediglich höher geartete (unsterbliche, aber auch ihrerseits einem Schicksal unterstehende) Wesen innerhalb einer das gesamte All oder Sein prägenden Ordnung. Wenn die jüdische Frömmigkeit Gottesfrömmigkeit genannt werden darf, so müssen wir bei den Griechen von

Anfang bis Ende von einer Naturfrömmigkeit sprechen. *„In Übereinstimmung leben mit der Natur"*, kann denn etwa auch das menschliche Ideal in der stoischen Philosophie ausgedrückt werden. Aber um es erneut zu betonen: Diese Natur, welche die griechische Frömmigkeit meint, ist nicht etwa die „unverdorbene" und „unberührte" Natur, wie wir sie in der von uns sog. Wildnis erblicken, sondern es ist die Natur, welche auch und gerade in den *menschlichen* Denk- und Handlungsmöglichkeiten ihre Wirklichkeit sucht. Es gehört zu ihr die *„Welt aus Atomen"* - und das Sein lässt sich unter Umständen auch *insgesamt* als eine Welt aus Atomen erklären (Lukrez); es gehört zu ihr aber auch die Welt der *Ideen,* und das Sein lässt sich nach der anderen Seite nun auch so wieder erklären, dass die Ideen gegenüber der Welt der Erscheinungen als das Wirklichere oder Eigentliche aufgefasst werden müssen (Plato). Weder die Gestirne und Pflanzen und Tiere noch auch die Götter sind indessen am Ende für den griechischen Frommen der Gegenstand seines höchsten Erstaunens, sondern dieser Gegenstand ist er sich selbst: nämlich als *Mensch!* Der Mensch ist das „unheimlichste" Seiende, welches der griechische Geist kennt (Sophokles). Und wenn wir im Blick auf Juden und Griechen einen Gegensatz zwischen dem Gesetz und der Natur bilden konnten: wir haben ineins damit einen Gegensatz zu bilden zwischen Gott und dem Menschen. Gesetzesfrömmigkeit oder Naturfrömmigkeit, Gottesfrömmigkeit oder Menschenfrömmigkeit - das ist die Entscheidung zwischen diesen beiden Gestalten des Geistes.

Nun können wir auch noch einmal genauer betrachten, wie der Apostel Paulus die Gesetzesfrömmigkeit und der Evangelist Johannes die Naturfrömmigkeit in die Frömmigkeit des Geistes aufzuheben vermögen. Paulus versteht es deutlich zu machen, wie das Gesetz Gottes den sein Heil bzw. seine „Gerechtigkeit" suchenden Menschen notwendigerweise in die unheilvollsten Widersprüche verwickelt. Der Gott entsprechen und also „gerecht" sein wollende Mensch bejaht nämlich dieses Gesetz, sofern er es sich als Ideal oder als Bild vorzustellen vermag, aber hart im Raum seiner Existenz stoßen sich dann sogleich auch die Sachen, und er vermag das, was er bejaht, nun doch selbst nicht zu leisten; er vermag sich zwar innerhalb seiner *Verantwortlichkeits*freiheit *legal* zu verhalten, aber er vermag nicht aus Willenskräften *moralisch* zu sein. Das Gebot sagt (und es hat recht, dies zu sagen): *„du sollst nicht begehren!"*, aber wir müssen eine Macht in uns selber bemerken, welche entgegen unserem eigenen Willen *den-*

noch begehrt. Die Freiheit, welche wir innerhalb einer legalistisch aufgefassten Gesetzeslogik tatsächlich besitzen, täuscht uns beständig darüber hinweg, dass wir auf der höheren Ebene der Moral und Religion immer noch Unfreie sind und es sogar umso mehr werden, je mehr wir uns darauf versteifen, in der Befolgung des Gesetzes die Freiheit zu finden oder zu leben (wobei auf den Ebenen der Moral und der Religion der Begriff Freiheit ohnehin einen anderen Sinn annehmen muss - den, wie wir uns vielleicht einmal ausdrücken dürfen, der *Freude-Willigkeit* nämlich). Tritt nun aber das in Christus gesprochene *andere* Wort Gottes an die Stelle jenes Wortes, welches das Gesetz einmal war (und in gewisser Weise auch immer noch ist), so richtet sich auch eine andere und neue Kombination aus Bindung und Freiheit über uns auf: in der Gebundenheit an das Wort Gottes in Christus werden wir frei vom Gesetz - nicht von seinem tieferen Sinn, aber von der Form, in welcher es uns mit Notwendigkeit in Irrtum und Unglück verwickelt. Der neue Mensch lebt nun aus der *Versöhntheit* mit Gott in der umfassenden Bedeutung dieses Begriffes: Er ist versöhnt, wie einer nur nach einem Zwist oder Zwiespalt versöhnt worden sein kann - *und* er ist versöhnt, wie einer aus dem Status der Knechtschaft in den der Sohnschaft bzw. Kindschaft *überführt* worden sein kann. Da indessen hierbei sogleich auch von einer *mündigen* Kindschaft die Rede sein muss, kann das alte Gesetzeswort Gottes im nachhinein auch so aufgefasst werden, dass sein Sinn ein *vorbereitender* war: es war noch für die Zeit der *Un*mündigkeit nötig, ein heteronomes Gesetz zu besitzen, *und:* der Mensch sollte *zerbrechen* an diesem Gesetz, um die Position des Geistes und der Freiheit durch die Negation des Gesetzes und der Knechtschaft hindurch zu erfahren.

Wie vermag der Evangelist *Johannes* die Natur in den Geist aufzuheben, indem für ihn die Auseinandersetzung mit dem Gesetz im Sinne der Juden nurmehr noch ein verblassendes Thema bedeutet? Wenn wir allein schon die tragenden Begriffe seines Evangeliums sehen, so fällt es uns auf, dass die für das Judentum unabdingbare geschichtliche Denkweise in ihm beinahe vollständig entfällt. Wenn es zum Beispiel auf dieser geschichtlichen Linie auch im Christentum noch im Hebräerbrief lautet: *„nachdem vorzeiten Gott manchmal und auf mancherlei Weise geredet hat zu den Vätern durch die Propheten, hat er in diesen letzten Tagen zu uns geredet durch den Sohn“,* so ist hier an eine - eben geschichtliche - Abfolge von Worten (oder auch Taten) des übermächtigen Gottes gedacht. Aber für das johanneische Denken wird in Jesus, dem „fleischgewordenen" Wort, lediglich offenbar, was eigentlich oder *schon immer - „von Anfang an"* - war, sozus. im Schosse der Ewigkeit Gottes (d.h. zugleich: auch der Welt) *ohne* Anfang schon ruhte. Jesus ist deshalb auch nicht der „Messias" (er könnte es allenfalls aus Akkomodationsgründen sein), sondern er ist - und dies sind eben nicht umsonst lauter natürliche anstelle von geschichtlichen Bildern oder Metaphern - Licht, Wahrheit, Weg, Tür, Brot usw.. Mit dem griechischen Denken ist hier tatsächlich der Mensch das erstaunlichste Wesen, aber es ist zunächst *ein* Mensch, in welchem es sich alles erschließt, ein *besonderer* göttlicher Mensch, welcher das Universum oder Gott „ist": repräsentiert. Und der in der Tat nun auch *Gott,* nicht etwa „das Göttliche" repräsentiert; denn das Göttliche ist der in die Welt immer schon *im Allgemeinen* eingegangene Gott. Tatsächlich hebt insofern Johannes das Griechentum *mit* dem Judentum auf. Aber es ist nun auch nicht der allein in der *Vorstellung* seiende Mensch, welcher Gott repräsentiert, sondern es ist jener selbstbewusste, welcher sich seines Wertes und seiner Würde bewusst ist, *und:* welcher das Wissen um seine Herkunft wie auch um seine Zukunft besitzt. Der griechische Mensch, da er lediglich in jenem unendlichen *Göttlichen* schwebte (nicht aber den ewigen *Gott* als den Vater gekannt hat), musste sowohl über seine Herkunft als auch über seine Zukunft im Unklaren bleiben. Es war eine *tragische* und *heroische* Existenz, welche er führte, indem gerade die Übereinstimmung mit den Gesetzen des Kosmos doch seinen und anderer *Untergang* immer verursachen konnte und geradezu musste (wie auf der anderen Seite die jüdische Existenz unter dem Gesetz immer eine unerfüllte und zerrissene war). Der im Geist Gottes zu sich selbst gefunden habende *christliche* Mensch demgegenüber ist schon jetzt immer im Frieden, weil sowohl seine Herkunft als auch seine Zukunft diesen Frieden bedeuten. Seine Freiheit darf höchste Gebundenheit und höchste Gelassenheit *gleichzeitig* sein. Er wird sich immer wieder anstrengen müssen, sich aber immer wieder auch als bereits getragen erfahren.

Das Christentum unter den Deutschen

Das Christentum unter den Deutschen ist das *gewusste.* Unter den Deutschen wird der Unterschied zwischen Judentum und Griechentum, zwischen Jesus und Paulus und Johannes gewusst, d.h. gesehen und zugleich auch begriffen. Er kann aber nur begriffen werden, wenn der Geist sich begreift, und dieses ist nunmehr tatsächlich der Fall.

Das deutsche Christentum ist im übrigen im wesentlichen das *evangelische.* Es ist zuerst noch in der Gestalt des römisch-katholischen bei den Germanen gewesen, aber es hat sein äußerstes Selbstbewusstsein erst in Luther und dem Deutschen Idealismus erreicht. Dabei hat es auf seine Art zunächst das paulinische wie auch das johanneische Christentum wiederholt - dies geschieht durch Luther und Fichte -, um sodann auch seine Möglichkeit in einem weitesten Sinne ausdrücklich zu fassen - in Hegel - und schließlich, was auf bestimmte Art eine Rückkehr zu dem geschichtlichen Jesus, aber auch wieder zu Luther und Fichte entspricht, in Kierkegaard von der Betrachtung des notwendigen Grundes zurück in den wirklichen Raum zu gelangen. Im übrigen stiftet auch das Christentum den Deutschen erst ihre Identität; denn das Deutsche ist nicht ein lediglich Germanisches, sondern es ist die Vereinigung bzw. Aufgehobenheit des Israelitischen mit dem Griechischen in der germanischen Seele (welche Seele vor allem durch Unendlichkeitsdurst und Treuherzigkeit kennzeichenbar wäre). Um die Brennpunkte Reformation und Idealismus läuft die Sonne des Christentums unter den Deutschen ihre ein Letztes erhellende elliptische Bahn, bevor - zusammen mit ihr - das christliche Abendland das Geschick seines (nicht politischen, aber kulturellen oder religiös-metaphysichen) Untergangs leidet, damit zugleich aber der Geist überhaupt - weltgeschichtlich - wieder erlischt. Er kann fortan nurmehr museal da sein oder aber unter *einzelnen* Entzündeten wirken, und die Christen, welche noch bleiben, sind einerseits Lernende an dem insgesamt schon erschlossenen Reichtum, andererseits nähren sie noch und noch diese Flamme, welche zwar nicht eine *Welt* zu erleuchten und zu erwärmen vermag, aber für die sich um sie Scharenden die Nacht oder den jetzt eingetretenen Winter.

Luther ist unter den Deutschen der paulinische Christ. Er sagt nicht dasselbe wie Paulus, weil er nicht dieselbe Erfahrung zum Hintergrund hat (sein

Hintergrund ist nicht die jüdische Religion, sondern der mittelalterliche Katholizismus), aber er ist auch in der Brechung sein entschiedener Schüler. Dass seine letzten Auslegungen als theologischer Lehrer alttestamentliche Schriften betreffen, belegt auch auf äußere Art, dass seine Denkweise sich an dem gesprochenen (Tat-) Wort des jenseitigen Gottes orientiert. Luthers Grundgedanke ist die Unterscheidung des sich in Christus offenbarenden Gottes von dem im Gesetz offenbarten bzw. auch von dem als Natur oder Absolutheit erfahrenen Gott. In dem Letztgenannten (das aber bei Luther nur immer am Rand steht) schwingt bereits der griechisch-johanneische Hintergrund mit, aber Luther hat dieses nicht begrifflich erfasst, und den Vordergrund seines - theologisch und nicht philosophisch bestimmten - Denkens bildet durchgängig die Unterscheidung des Evangeliums vom Gesetz. Wenn er eine an sich unübersetzbare Jesaja-Stelle (28,19) mit dem Satz wiedergibt: *„allein die Anfechtung lehrt auf das Wort merken"*, so äußert sich darin seine Seelenverfasstheit in nuce. In Luther ist das (durchaus idealistische) Bewusstsein von Haus aus lebendig, Gott in unendlicher Weise entsprechen zu müssen, und gerade darin konnte für ihn auch die Anfechtung nur liegen: dem in der Wirklichkeit - *„auch in dem besten Leben"* - nicht Genüge zu tun. Und kein Wort Gottes rettet für ihn nun die Seele in dieser Situation, welches ein irgendwie *richtendes* -, aber auch nicht ein Wort, welches ein irgendwie *nachlässiges,* gleichsam durch die Finger sehendes wäre, da ja das unendliche Ideal niemals abgetan werden kann. Sondern allein ein solches Wort vermag nun zu retten, welches ein für gültig erklärendes und dabei zusätzlich *verheißendes* ist. Und dieses Wort findet Luther eben in Christus gesprochen. Gott spricht uns hier zu, dass wir die Gott entsprechenden Menschen, zu denen er uns machen wird, für ihn jetzt bereits sind (und also auch für uns selbst es sein dürfen) bzw. dass wir als die, als welche wir jetzt bereits von Gott erklärt worden sind, auch in Ewigkeit einmal hingestellt werden. An diesem Wort aber gilt es nun - gegen alle eventuelle Erfahrung - mit unbedingter Treue zu halten, indem es für den Glauben nichts Heiligeres überhaupt gibt! Nicht das Gesetzeswort - ohnehin nicht die Natur und nicht einmal der Geist Gottes schlechthin -, sondern das Wort Gottes in Christus ist die heilvolle und rettende Maßgabe für Leben und Sterben auf dem beständig anfechtungsum-witterten christlichen Wege.

Für *Fichte,* den deutschen Johanneer (und entsprechend weniger theologischen als philosophischen Kopf), steht an der Stelle, an welcher für Luther das Wort stand, das „Wissen“, indessen noch nicht wie bei Hegel ein systematisches und daneben beinahe auch noch lexigraphisches Wissen (auch) über das Christentum oder über die Religion (wie über die Welt, Gott und den Menschen), sondern das Wissen, mit dem allerhöchsten Bewusstsein des Ich dgl. wie der Vordergrund oder die *Speerspitze* Gottes zu sein. *„Gott ist, was der von ihm Begeisterte tut“,* kann dieser - nicht Sach-, sondern "Tatverhalt" paradox und dennoch punktgenau von Fichte ausgedrückt werden. Und während Luther sich wie Paulus an dem Begriff der *Gerechtigkeit* Gottes abmühen musste, geht es für Fichte um Gottes Wirklichkeit oder *Sein,* welche er befreiend, nachdem er sie verstörend und lähmend in den Gesetzmäßigkeiten der äußeren Natur erlebt hatte, in der Moralität, in der Religion und eben in dem wesenhaften Wissen entdeckt bzw. ergreift - dabei diese Unterschiede immer auch sehend oder fixierend und sie zu erklären vermögend. Dass Fichtes denkerische und Tathaltung die des johanneischen Christentums (es würde auch gesagt werden können: die des johanneischen Christus) ist, hat Fichte allerdings erst spät und geradezu zu seiner eigenen Überraschung bemerkt. Während Luther gelegentlich äußert, die ihn befreit habende Lehre vom Worte Gottes im Evangelium gebe es nicht außer bei Paulus, hat Fichte die Aufstellungen von Paulus eher skeptisch oder mit zwiespältigem Urteil betrachtet und Johannes deutlich über Paulus gestellt - Johannes, der seinen Christus z.B. sagen lässt: *„ich und der Vater sind eins“* oder *„ich kann allein tun, was ich den Vater tun sehe“.* Nicht das durch das Ungenügen vor dem Anspruch Gottes an uns angefochtene Sein kennzeichnet die zu überwindende Grunderfahrung von Fichte, sondern das Entsetzen und Schaudern vor einem lediglich Dahingetriebenwerden bzw. Sichtreibenlassen durch die Gesetze und Zusammenhänge in der Natur oder der „Realität“. Für Fichte gilt es, sich im Ich unendlich zusammenzuraffen in dem heiligen Wissen, tathaft Gott sein zu *sollen* ("sein" hier gleichsam transitiv zu verstehen). Und wenn dieses die ideale und zu ergreifende christliche Wirklichkeit ist, dann wird ein „Christianertum“, welches sich mit der stets wiederholten Feier seiner historischen Anfänge begnügt oder auch sich auf den Abstand immer zu wahren bemühtes zu der irdischen oder himmlischen Person Jesus fixiert, die unendliche Bestimmung des Menschen zum Selbstsein in Gott nur behindern statt fördern. Es wird weder Gott wirklich zu ehren noch die ihm selbst zugedachte Freiheit zu ergreifen vermögen.

Auch der über Fichte nach seiner eigenen Überzeugung noch hinausgehende Hegel bleibt unter der Perspektive Fichtes hinter der eigentlichen menschlichen Bestimmung zurück. Was Fichte bereits an Schelling gerügt hat, hätte er auch an Hegel zu rügen, das Sichversteigen nämlich des reflektierenden Geistes in die Gottheit, sofern diese mit dem *Absoluten* gleich zu sein scheint. Tatsächlich kommt es bei Schelling und Hegel wieder zu einer objektivierenden *Betrachtung:* Gottes, des Menschen, der Natur, der Geschichte, des Geistes - für das nachvollziehende Verstehen zwar ungeheure Reichtümer erschließend, aber dabei doch die eigentliche menschliche Möglichkeit und Bestimmung verfehlend und sich kenntnisreich und beredt von der (ob göttlichen ob weltlichen) Absolutheit am Ende verschlingen auch lassend (und wie hatte hier auch bereits Luther ein antikes Diktum zitiert und es auf seine eigene Weise verstanden: quae supra nos, nihil ad nos – *"was über unseren Begriff hinaus ist, geht uns nichts an"*). Hegel sieht und weiß das gesamte innere und auch äußere Leben des Geistes, und alle seine Aufstellungen sind erhellend und klärend, aber eben, so wäre der Einwand von Fichte, und so *ist* es der Einwand des späteren Kierkegaard gegenüber Hegel: Es ist nicht die Bestimmung des Menschen, Gott – und schon gar nicht, sofern er die Absolutheit bedeutet – in der „Theorie" oder Schau zu besitzen, zu genießen sogar, sondern Gott im engeren und *eigentlichen* Sinn (und wir schließen uns jetzt einmal an Kierkegaard an), sofern er nämlich der himmlische Vater oder der Herr oder der Heilige ist, in Moralität und Religiosität zu entsprechen. Kierkegaard hat der „ästhetischen" Lebenshaltung die „ethische" und dann auch die "religiöse" entgegengesetzt. Er hat dabei allerdings den hohen und unüberbietbaren Schwung Fichtes nicht mehr besessen. Gott ist für ihn wieder zu einem - gewährenden und fordernden - *Gegenüber* geworden, während er sich für Fichte im tathaft wissenden Ich gleichsam jeweils *verjüngte.* Aber Kierkegaard vollzieht mit aller ihm in hohem Masse zu Gebote stehenden (und aus der Sache selbst heraus auch doppelt geforderten) Reflexionskraft die hier notwendige Korrektur, welche den idealistischen Gedanken vor seinem Absturz bzw. vor seiner Auflösung bewahrt. Bei Hegel hat sich dieser Gedanke buchstäblich in absoluten Geist aufgelöst, bei Nietzsche wird er später in gott- und geistfremde Lebensunmittelbarkeit abgestürzt sein. Kierkegaard dringt - auf andere Weise als Fichte und doch auf bestimmte Art gleichsinnig mit ihm - auf die *existenzhafte* Erfüllung der Bestimmung des Menschen. *„Die Subjektivität ist die Wahrheit",* dieser kierkegaardische Satz hätte auch von

Fichte gesagt werden können, und die fichtesche Aufstellung, dass das Schaudern vor der Absolutheit und dem Absorbiertwerden durch sie gerade den *Sinn* noch besitzt, uns in die Freiheit, die der Subjekthaftigkeit nämlich, zu stossen, hätte umgekehrt und ohne weiteres Kierkegaards lebhafte Zustimmung gefunden.

Das Christentum unter den Deutschen (oder sagen wir nun auch: in der germanischen Welt) ist überhaupt das Christentum, welches sich zu Ende erkannt hat - bis hin zu der reflektierten Aufhebung wiederum dieser Erkenntnis in Leben. Eine weitere gedankliche Durchdringung seiner selbst ist nicht möglich und also auch nicht zu erwarten. Was *jetzt* nur noch bleibt, ist die welt- oder auch nur gesellschaftlich-politische Auseinandersetzung des Christentums mit *anderen* Weltanschauungen oder Religionen. Aber selbst dazu wäre sogleich zu bemerken: Das Weltalter der Religionen ist – auf das Wesentliche gesehen – vorbei. Wurde nämlich das höchstmögliche religiöse Bewusstsein erreicht - und es wurde erreicht! -, so klingt das sich selbst kennende Religiöse hier und da wohl noch nach und vermag sich im Einzelnen oder in Gemeinschaften auch auf der erreichten Höhe noch für eine Weile zu halten - es nimmt an diesem Bewusstsein und seiner Bildung aber nun nicht mehr die *Öffentlichkeit* teil. Auf *ihrer* Ebene wird nunmehr der Geist nach der einen Seite hin tatsächlich sich auflösen in die Unmittelbarkeit - nämlich des „natürlichen" Lebens (welches nun von dgl. wie Geist, Moral, Religion noch allenfalls raunt), und nach der anderen Seite hin wird er zerflattern in das, was wir die „geistreiche Beliebigkeit" nennen: er wird ein Spielen werden mit gedanklichen Möglichkeiten, welches kaum eine Grenze mehr kennt und für welches vormalige Verbindlichkeiten nurmehr als Konventionen erscheinen. Das wahre Unendliche - in der Konzentriertheit des moralischen und religiösen Gewissens wird das nurmehr noch *selten*e sein.

Indessen ist es aber auch das Schicksal *alles* Herausragenden, selten zu sein (omnia praeclara rara), und es muss am Ende auch dies mit zu dem Wissen des moralischen und religiösen Menschen gehören, dass er in dem Gewoge aus Natur und Legalität, welches nun immer mehr vorherrscht, zum einen ein *Übriggebliebener* ist aus dem Weltalter des Geistes, zum anderen dies aber seiner Erhobenheit (oder Erhabenheit) keinesfalls etwas abbrechen muss. Er muss nur zusehen, unendlich er selbst auch zu *bleiben* und die Treue zu seiner Gotteserkenntnis als eine Treue zu sich selbst zu bewahren. Er tut dann - auch *objektiv* angesehen - ohnehin schon das meiste, das unter den gegebenen Umständen noch getan werden kann.

Freiheit oder Wahrheit?

So sehr Wahrheit – oder die Suche danach – als ein hohes Kulturgut von der Menschheit noch immer geschätzt wird: vor allem die *Freiheit* wird mittlerweile auf den höchsten Sockel gestellt; denn was Wahrheit ist, könne ja ohnehin niemand wissen, aber was Freiheit ist, das *meint* man zumindest zu wissen, nämlich die nur hier und da noch zweckdienlich begrenzte Möglichkeit, mit einer gewissen *Beliebigkeit* oder *Ungestörtheit* sich zu bewegen oder sich zu "verwirklichen" auch. Der *Freiheit* sollen entsprechend Verfassungen und Gesetze nun dienen – ja, Verfassungen und Gesetze werden nun überhaupt, um der Freiheit willen, *entscheidend,* während in einer früheren Epoche oder nach einer anderen Grundhaltung an ihrer Stelle etwas ganz Anderes steht, nämlich Religion und Moral. Oder wie sagte Tacitus einst über die Germanen: *"Mehr vermögen dort die guten* Sitten *als anderswo gute* Gesetze.*"*

Nicht *gänzlich* möchte allerdings immer die Menschheit die Religion und das "Reich Gottes" verdrängen – man weiß dergleichen als Hintergrund oder Reserve dann doch noch zu schätzen, aber man ist auf das Reich Gottes nicht *aus!* Nicht auf das *wahre,* nicht auf das *echte* Reich Gottes! Denn wahr und echt ist immer auch teuer! Stattdessen ist man bestrebt, einen *Ersatz* sich zu schaffen – etwas, dass eine größtmögliche *Ähnlichkeit* hat, aber nun billig doch und auf keinen Fall anspruchs- oder zumutungsvoll ist.

Nach der ursprünglichen Ordnung ist die *Wahrheit,* nämlich die Beziehung zwischen Gott und Welt oder Gott und Mensch in ihrer *Geklärtheit* das, was das eigentliche Gottesreich trägt und *insofern* dann auch die Freiheit ermöglicht, nämlich die *wahrhaftige* Freiheit. Oder um es noch anders zugespitzt zu beschreiben: Nach der ursprünglichen Ordnung ist die Wahrheit die Voraussetzung und Grundlage der Freiheit, nicht aber die Freiheit die Grundlage der Wahrheit. Der menschheitliche (Bequemlichkeits-) Irrtum besteht nun aber gerade in der Verkehrung oder Verdrehung dieses Verhaltes. *"Ihr werdet die Wahrheit erkennen, und die Wahrheit wird euch frei machen",* so sagt es Jesus im Evangelium des Johannes, und so allein kann das Verhältnis auch das ewige oder das göttliche sein. Die – neuzeitliche – Menschheit aber stellt die *Freiheit* an die oberste Stelle und koppelt sie sogar von der Wahrheit noch ab, von welcher sie mit Pilatus nun fragt, was sie denn überhaupt sei, und meint, es könne die Wahrheit ja ohnehin niemand erkennen. Ja, sie macht aus dieser Nichterkennbarkeit der Wahrheit geradezu ein Axiom und stellt es jedermann "frei", diese oder jene "Wahrheit" zu "haben" bzw. anzuerkennen. Gleichzeitig beschränkt sie die lediglich als Bewegungsspielraum verstandene Freiheit nur noch insoweit, als die nunmehr entstehenden Spielräume einander nicht mehr als unvermeidbar behindern. Die Freiheit hat nun ihre Grenze allein an der Freiheit des *andern* bzw. die Problematik der Freiheit ist allein noch eine *politische* oder *soziale,* nicht aber mehr eine *metaphysische* oder *religiöse. "Jeder ist seines Glückes Schmied",* jeder ist "von Natur" mit einem Recht ausgestattet, wie die Behauptung jetzt lautet, auf individuelle Weise seine Identität zu realisieren. Und bemüht man sich nun, diese Freiheit noch um Gleichheit und Brüderlichkeit zu ergänzen, so scheint man sich sogar wie in einem Schnellzug nach Utopia fühlen zu dürfen.

Läge diesem neuzeitlichen Freiheitsbegriff etwas daran, sich spezifisch religiös zu verstehen: diese Freiheit *wäre* die neuzeitliche Religion! Und tatsächlich wird sie ja auch geradezu kultisch gefeiert und in der Öffentlichkeit und von den Vertretern ihres an der Macht befindlichen Systems von immer neuem bekräftigt. Und daneben baut sie sich nun (es bleibt ihr nichts Anderes übrig) genau dieses Feindbild auch auf, dass Wahrheit (vor allem religiöse dann noch) politisch "intolerant" ist und schon von daher in die Ecke oder die Nische gedrängt werden muss. *Herrscht* aber tatsächlich die Freiheit (ohne die Wahrheit!)? Es herrschen jetzt die Freiheiten immer nur! Und wie sagt es zutreffend ein russisches Sprichwort: *"Freiheit ist von Gott, Freiheiten sind vom Teufel!"*

Unter den Deutschen hat es einmal den "Deutschen Idealismus" gegeben. Bereits Luther war zutiefst Idealist (auch Eckehart im Mittelalter zum Beispiel), der von sich selbst *wissende* Idealismus trat allerdings erst mit Kant auf die Bühne und vollendete sich in Schiller und Fichte, um in Schelling und Hegel eine bereits wieder fragwürdige Wendung zu nehmen, von Kierkegaard noch einmal zur Besinnung gerufen zu werden und mit Nietzsche seine Auflösung und Umkehrung zu erfahren. Alle diese Geister (auch Kierkegaard als einen im deutschen Geiste Gebildeten würden wir hier vereinnahmen dürfen) *atmeten* geradezu die alte Ordnung oder das alte und ursprüngliche Verhältnis. Für sie folgte erst aus der Herrschaft des Geistes die Freiheit, nicht aber aus der Herrschaft der Freiheit der Geist. Mehr aber noch: in ihnen allen war zugleich das

Verhältnis ein auf das höchste begriffenes oder gewusstes. Und auch *politisch* repräsentierte es sich – und zwar noch bis in das 20. Jahrhundert hinein. Das wilhelminische *"am deutschen Wesen soll die Welt genesen"* (ursprünglich von Emanuel Geibel 1861) ist noch sein Ausdruck gewesen, und selbst der Nationalsozialismus erhob zumindest formal diesen Anspruch, ein *Wahrheits*-Bollwerk gegen die individualistische Freiheits-Religion und den a-religiösen und gleichmacherischen Bolschewismus zu sein - nur dass die in ihm aufgerichtete Wahrheit, welcher alle Freiheit sich fügen bzw. aus welcher sie herausspringen sollte, nicht die idealistische Wahrheit gewesen ist, sondern eine des Instinkts, der Natur, der Rasse, des "Blutes und Bodens". Mit dem Zusammenbruch des Nationalsozialismus stellte sich dann allerdings nicht der Idealismus (jedenfalls nicht durchschlagend), sondern das umgekehrte und gleichsam in der Schwerkraft der Natur immer schon herrschende Verhältnis wieder her, und der Freiheitsbegriff der amerikanischen Verfassung bzw. der französischen Revolution bekam Macht über Gemüt und Gewissen. Inzwischen hat das deutsche Volk als eine metaphysisch-politische Größe allerdings auch aus soziologisch beschreibbaren Gründen seine Identität so gut wie verloren. Die Deutschen sind ihrer großen Herkunft gegenüber weitestgehend verdummt (oder auch dumm *gemacht* worden), und sie *wollen* auch von sich selbst her ihre eigene Bestimmung gar nicht mehr kennen. Sie haben sich gewöhnt, in der Quasi-Religion des amerikanischen Freiheitsbegriffes zu leben; sie *haben* bereits für ihr eignes Empfinden die Freiheit, die sie nach dem idealistischen Begriff durch die Wahrheit immer zu *gewinnen* erst hätten!

Wenn allerdings die amerikanisch-französische Freiheits-Religiosität die Wahrheits-Religion als ihren eigentlichen Feind ausgemacht hat und ihn – politisch-militärisch - auch niederzuringen vermochte, so wird die Wahrheits-Religion umgekehrt in der Freiheits-Quasi-Religiosität ihren ausgemachten Feind immer erblicken. Dass sie sich allerdings gegen ihn *ebenfalls* politisch-militärisch erhebt, wird gerade *nicht* statthaben können! Denn der Idealismus der Wahrheit kämpft nicht mit dem Schwert und nicht einmal mit diplomatischen Waffen, sondern er kämpft mit dem Wort - und allerdings auch mit dem persönlichen *Einsatz* für das Wort. Er versucht nicht *politisch* die Macht zu erringen (und dann zu erhalten), sondern er versucht ausdrücklich eine Religion zu errichten und also in der Wirklichkeit als eine *Kirche,* als eine Überzeugungsgemeinschaft in Erscheinung zu treten. Diese Überzeugungsgemeinschaft hat es zu ihrem Anliegen gemacht, die Wahrheit, welche sie keinesfalls als ein für alle Mal gültig formuliert, wohl aber urbildlich in die Wirklichkeit getreten doch weiß, immer neu sich zu klären, zur Debatte zu stellen und allerdings auch als ein unendliches Richtmaß immer neu wieder zu fordern. Das Sichabmühen an der Wahrheit ist geradezu die *Lebenskraft* dieser Gemeinschaft, und in diesem Sichabmühen nur sind die ihr angehörenden Einzelnen frei und atmet ihre Gemeinschaft als ganze die Freiheit.

Zivilisation oder Kultur?

1. Unter einer *Zivilisation* verstehen wir die Art und Weise der *äußerlichen,* insbes. *rechtlichen und technischen* Geordnetheit einer Gesellschaft zu einer gegebenen Zeit oder in einem gegebenen Raum. Unter *Kultur* verstehen wir die *innere* Gebundenheit einer Gesellschaft, die Gesinnung und Gesittung der zu ihr gehörenden Menschen, soweit sie durch *Geist* bestimmt sind: durch eine gemeinsame Überzeugung hinsichtlich dessen, was als *heilig, wahr, gut* und *schön* gelten muss, welcher Geist wiederum in charakteristischen Sitten und Gebräuchen sich äußert.

2. Ein *"kultivierter"* Mensch ist ein durch einen eigentümlichen Geist in dem genannten Sinn tatsächlich bestimmter, ein *"zivilisierter"* ist ein solcher, der sich an allgemeine rechtliche Verbindlichkeiten hält, gewisse allgemeinverbindliche Umgangs- oder Höflichkeitsformen wahrt sowie in seiner Lebensführung einen gewissen technischen Standard aufrechterhält. Die Zivilisierung zielt eher darauf ab, das Leben angenehmer und bequemer zu machen, die Kultivierung, ihm eine entschiedene Gestalt mitzuteilen, es zu disziplinieren. Oder wenn wir unter Kultivierung die *Veredelung* von Körper, Seele, Geist und Gemeinschaft begreifen, so hat die Kultur Ansprüche zu *stellen,* während die Zivilisierung Ansprüche ermäßigt bzw. sie auch gegen Geldzahlung zurückstellt.

3. Die Kultiviertheit kann als das Ideal der *älteren,* die Zivilisiertheit als das der *neueren Zeit* gelten. Wo die Kultur – Religion, Philosophie, Ethos, Ästhetik – das Vorrangige ist (bzw. war), kann (konnte) die Zivilisiertheit das Nachrangige sein. Wo die Zivilisiertheit das Vorrangige ist, wird die Kultur das Nachrangige werden bzw. sie wird einerseits zum "Historischen", andererseits zum "Privaten".

4. Die abendländische Menschheit (welche inzwischen global dominiert) hat in den letzten etwa 250 Jahren das Moment der Zivilisation gegenüber dem der Kultur in den Vorrang gebracht, nicht als Ergebnis eines Entschlusses oder einer Entscheidung, sondern im Verlauf eines Prozesses, dessen Triebfedern wir hier im Verborgenen lassen. Dieser Prozess hat aber wie eine Früh- so auch eine

Spätphase, und es kann gesagt werden, dass die Ersetzung der Kultur durch die Zivilisation eine mittlerweile zumindest in den westlichen Gesellschaften so gut wie abgeschlossene ist.

5. Insofern haben wir es z.B. auch in der Begegnung der westlichen Welt mit dem Islam inzwischen keinesfalls mit der Begegnung zweier Kulturen zu tun, sondern mit der Begegnung einer zivilisatorischen Gesellschaft mit einer – bestimmten – Kultur. Es ließe sich aber auch sagen: mit der Begegnung der neueren Welt mit einer – stellvertreterhaft sich manifestierenden bzw. gegen das Neue auflehnenden – alten. Oder auch so: Der Islam trifft im Westen oder in Europa nicht auf das Christentum (dieses ist in einem vormaligen Sinn gar nicht mehr da), sondern lediglich auf eine Zivilgesellschaft. I.ü. treffen natürlich auch die verbleibenden Christen in Europa nicht mehr auf eine religiöse, moralische usw. Kultur, sondern lediglich auf jenes Zivile.

6. Der abendländische Mensch, der unter der Bedingung der Kultur zumindest tendenziell einmal "uniformiert" war, ist inzwischen in der Öffentlichkeit grundsätzlich in "Zivil" nur zu sehen. Welche Uniform er im Schrank hängen hat, weiß die Öffentlichkeit nicht und interessiert sie auch nicht. Und es interessiert ihn inzwischen auch selbst gar nicht mehr.

7. Auch die Zivilisiertheit – sofern sie sich verselbständigt hat (und verselbständigen musste) – pflegt eine Quasi-Kultur, indem sie eine *Ideologie* nämlich besitzt. Der oberste Satz dieser Ideologie ist in der Präambel der amerikanischen Verfassung von 1787 enthalten und besagt, dass es einer souveränen Nation oder Gesellschaft obliegt, *"das allgemeine Wohl zu befördern und das Glück der Freiheit uns selbst und unseren Nachkommen zu wahren".* – Nach der alten Ordnung ist es allein die (göttliche) *Wahrheit,* welche befreit (Joh 8,32) – und deshalb auch einer ausdrücklichen Achtung bedarf, nach der neuen Ordnung ist es geradezu umgekehrt die *Freiheit,* welche "gewahrt" werden muss. Die Freiheit aber ist die weitestgehende Unbeschränktheit des Individuums, sich zu entscheiden, sich zu bewegen, unversehrt und unbehelligt zu bleiben. Der neuzeitliche Mensch wird auf die Rechte und Pflichten fixiert, welche er *als Individuum* hat, der frühere Mensch war auf die Geborgenheit und die Aufgaben fixiert,

welche er innerhalb einer vorgegebenen Weltordnung, vermittelt durch eine *Gemeinschaft* besaß. Diese Gemeinschaft war wiederum geprägt durch den *Geist:* ein bestimmtes Heiliges, eine bestimmte Wahrheit, ein bestimmtes Gutes, ein bestimmtes Schönes. Gerade diese *Bestimmtheiten* aber sind für den neuzeitlichen oder zivilisatorisch geprägten Menschen inzwischen das *unentscheidbar Beliebige* geworden; denn wer, so denkt dieser Mensch (und kann gar nicht anders mehr denken), will denn *entscheiden* (wir befinden uns hier im Reich der Entscheidungsfreiheit!), was das Wahre ist oder das Heilige oder das Gute? Und das Schöne muss ja ohnehin eine "Geschmackssache" sein!

8. Jeder bestehenden und auch der unter den Deutschen einmal bestanden habenden Kultur hat es sich *aufgedrängt,* das Heilige usw. so und nicht anders zu haben. Man hat es weder freiheitlich als Individuum noch demokratisch als Gesamtheit *gewählt.* Man besitzt es, weil man sich nicht gegen es zu verwahren vermochte. Eine Kultur ohne dieses unhinterfragbar Bindende (der ursprüngliche Sinn des Begriffs "Religion"!) *ist* gar nicht erst eine Kultur!

9. Die deutsche Kultur – wir sprechen nicht von der germanischen, sondern von der deutschen! – ist (und wir halten uns jetzt allein an den Kern) durch ein bestimmtes *Gottesbewusstsein* (wir könnten auch "Geist" sagen) beherrscht, welches zum einen aus dem antiken bzw. römisch-katholischen Christentum kommt (in welchem wiederum hebräische und griechische Momente sich finden, aber auch das römische Recht), zum andern aus der germanischen Seele. Um es abgekürzt zu bezeichnen (denn es gibt natürlich auch eine christliche Seele wie es einen germanischen Geist gibt, aber es sind doch die Gewichte jeweils anders verteilt): Die Verbindung des christlichen Geistes mit der germanischen Seele hat geradezu das Deutsche *gezeugt.* Und diese Verbundenheit und nichts Anderes würde auch jemals aus geradezu geschichtlich-urheberrechtlichen Gründen "das Deutsche" genannt werden können. Dieses Deutsche hat sich anschaulich in den größten Gestalten unserer Geschichte verdichtet, von dem Verfasser des "Heliand" über Meister Eckehart und Albertus Magnus, Martin Luther, aber auch Jakob Böhme, Paul Gerhardt, Matthias Claudius und vielen andern bis zu den Deutschen Idealisten (Kant, Fichte, Hegel), um hier nur einmal die *gedanklich* geprägten zu nennen. Es löst sich aber bereits im 19. Jahrhundert und kurioser-

weise zu einer Zeit wieder auf, als der nationalstaatliche Gedanke mit der Gründung des Kaiserreichs 1871 sich politisch durchgesetzt hat. Gegenwärtig ist unter den Deutschen die *amerikanische* "Kultur" maßgeblich geworden, die eben eine Kultur gar nicht ist, sondern lediglich die als Kultur ausgegebene Zivilisiertheit.

10. Die Grundfrage einer jeden Kultur ist, ob und wie wirklicher Geist (hier ist nicht die Rede von Intelligenz!) sich festhalten lässt bzw. "gepflegt" werden kann (Kultur von lat. colere = pflegen, bebauen). Dies ist aber immer auf die Weise nur möglich, dass eine Gesellschaft das Heilige und Gewaltige ihrer Herkunft und Vergangenheit *feiert* und sodann *lehrt*. Um es jedoch feiern und lehren zu können, muss sie es lieben, und um es wiederum lieben zu können, muss sie es kennen. Wer aber wird es kennen wollen, wenn niemand es feiert usw. So dreht sich hier alles im Kreise, und zwar im guten Sinn wie im schlechten, und ausschließlich Gott selbst oder ein Wunder würde die Lage zu verändern vermögen.

11. Die Gesellschaft spaltet sich unterdessen im besten Falle noch auf in Zivilgesellschaft und *Kirche,* und nun gibt es in der außerkirchlichen Wirklichkeit keine Kultur mehr außer derjenigen, welche *museal* aufbereitet und aufbewahrt wird. Und *in* der Kirche? In der Kirche braucht es eine Kultur gar nicht zu geben; denn sie soll ja Kultur*trägerin* sein! Sie hat sich immer nur auf sich selbst zu besinnen und die Heiligkeit ihres Gottes (und ihres Menschen!) zu hüten, und selbst wo sie "Kulturpolitik" zu betreiben beginnt, hat sie ihre Aufgabe schon nicht mehr verstanden.

12. Gerade nicht *politisch* ist das Deutsche zu retten, sondern allein religiös, nicht durch den Staat, sondern allein durch die Kirche. Jenes Wunder aber könnte allein in einer *Erweckung* bestehen, in einer solchen nun wieder, welche die "Heiligtümer" der Zivilisiertheit in ihre Schranken verwiese. Das Eintreten dieses Falles ist aber nicht zu erwarten, und die andere, tatsächlich zu erwartende Möglichkeit ist, dass Gott oder der Geist sich aus der Gesellschaft zurückzieht bzw. sich in dieser verflüchtigt und nun lediglich Freiheit und Zivilisation weiterhin herrschen und Wahrheit und Kultur in den Untergang zwingen.

Hat der Mensch einen freien Willen?

1. Würden wir fragen, ob der Mensch eine *Verantwortlichkeit* hat, so müssten wir diese Frage wohl im allgemeinen bejahen! Wir erwarten von uns selbst und von jedem gewöhnlichen anderen Menschen, dass wir uns im Zweifelsfalle auch *gegen* unsere Neigung zu entscheiden vermögen und einen Diebstahl, einen Ehebruch, einen Mord *nicht* begehen, obgleich uns etwas in oder außerhalb unser dazu zu bewegen versucht. Die menschliche Gemeinschaft oder Gott oder unser Gewissen fordern und erwarten von uns, dass wir nicht unserer niederen oder triebhaften Natur folgen, sondern einsehbaren und insofern auch verbindlichen Regeln. Es gibt einen Spielraum in unserem Verhalten, der von unseren eigenen Entscheidungen ausgefüllt werden kann und auch muss.

2. Solche Entscheidungen aber fallen weder allein auf der Ebene unserer Nerven noch auf der von Verstand oder Vernunft, sondern wir entscheiden uns immer auch *zwischen* den beiden, indem wir uns vor die Frage gestellt finden: Folge ich dem Trieb und der Neigung *oder* dem Gesetz und der Einsicht? Immerhin kann und wird in der Wirklichkeit auch entweder der Sachverhalt sein, dass meine Neigung meine Einsicht beherrscht und sich jeweils auch "Gründe" zu ihren Gunsten erfindet, oder umgekehrt meine Einsicht den Trieb und die Neigung beherrscht und sozus. gewohnheitsmäßig über sie die Überhand hat. - Lassen wir an dieser Stelle indessen es offen, auf welchem *Wege* das eine oder das andre geschieht.

3. Wenn wir uns zunächst auf diesen Sprachgebrauch einmal einlassen wollen: Wir haben einen "freien Willen" als Menschen im Sinne einer Wahlmöglichkeit hinsichtlich unsres Verhaltens, im Sinne der Zurechenbarkeit unserer Handlungen, der Verantwortlichkeit für unsere Taten! Diese Freiheit mag zwar im einzelnen gegebenen Fall *eingeschränkt* sein oder sogar zu *verneinen,* aber solche Fälle wären dann auch zugleich *pathologisch,* und sie heben nicht auf, dass wir an dieser Stelle gewöhnlich doch einen *gesunden* Zustand voraussetzen müssen.

4. Haben wir nun aber auch einen "freien Willen", *religiös* oder *moralisch* zu sein? Haben wir einen "freien Willen" im Blick auf die letzten Antriebe (oder mit Kant zu sprechen: "Triebfedern") unseres Handelns? Vermögen wir mit der Moral, Gott oder unserer höheren Bestimmung in Übereinstimmung, und zwar mit der Freude des *Zuhauseseins* in Übereinstimmung zu stehen - einfach nur, weil wir es *wollten,* weil wir es *wählten*? *Diese* Frage ist offenbar zu verneinen, und so wie in der Natur die Triebe als eine *Selbstverständlichkeit* herrschen, so scheint, wenn wir dieses moralische oder religiöse Zuhausesein dem Reiche des Geistes zuweisen müssen, auch in *diesem* alles mit Selbstverständlichkeit vor sich zu gehen. Oder um es noch anders zu sagen: Im Reiche des Geistes finden wir auf eine andere Weise die Triebhaftigkeit wieder. "*Welche der Geist Gottes treibt (!)",* sagt denn auch der Apostel Paulus, *"die sind Gottes Kinder".* Und wir können aus einer anderen Stelle ergänzen: *"Dort wo der Geist des Herrn ist, da ist auch die Freiheit."* Oder wie es C.F. Meyer im Blick auf eine andere als die menschliche Geisterwelt einmal dargestellt hat:

Als der Herr mit mächt'ger Schwinge
Durch die neue Schöpfung fuhr,
Folgten in gedrängtem Ringe
Geister seiner Flammenspur.
Seine schönsten Engel wallten
Ihm zu Häupten selig leis,
Riesenhafte Nachtgestalten
Schlossen unterhalb den Kreis.
„Eh ich euern Reigen löse",
Sprach der Allgewalt'ge nun,
„Schwöret, Gute, schwöret, Böse,
Meinen Willen nur zu tun!"
Freudig jubelten die Lichten:
„Dir zu dienen, sind wir da!"
Die zerstören, die vernichten,
Die Dämonen, knirschten: „Ja."

5. Wir stehen damit vor dem eigentümlichen Sachverhalt, dass der "freie Wille" als *Wahl- oder Entscheidungs*freiheit weder in der Natur statthaben kann noch im Geist, sondern allein in diesem *Zwischen*bereich der Zurechenbarkeit und Verantwortlichkeit oder der Legalität. Hier gibt es Schuld und Leistung und "Werke", Verdienst und Versäumnis, Lohn und Bestrafung, Leistungsstolz und Furcht usw. Diesen tatsächlich bestehenden Bereich mit der Moral und der Religion in Verbindung zu bringen oder darüber hinaus sogar zu *verwechseln,* wird aber den Menschen in einen der verhängnisvollsten und hartnäckigsten an dieser Stelle nur möglichen Irrtümer verstricken, und er muss, indem er doch gutwillig ist (aber vermessen zugleich), auf eine geradezu tragische Weise Gott und sich selber verfehlen. So hat denn auch der zur wahren Religiosität erweckte Paulus im nachhinein diese legalistische "freier-Wille"-Religiosität nur noch als einen zu verachtenden "Dreck" zu bezeichnen vermocht und i.ü. die - sei es überhebliche, sei es zerrissene - *Jämmerlichkeit* auch beschrieben, in welcher sich jeder ihr Anhängende aufhalten muss: *"ich war untadelig im Gesetz"* - einerseits, und andererseits: *"ich bejahe wohl das Gesetz, welches da fordert: du sollst nicht begehren, aber ich befolge es nicht (denn ich begehre ja dennoch); ich armer elender Mensch, wer wird mich aus dieser nichtswürdigen Verfasstheit erlösen".*

6. Paulus weiß im nachhinein um die unheilige Allianz zwischen dem Gesetz und der „Sünde" als der Selbst- wie auch Gottesverfehlung, und es ist Logik und zugleich auch Erfahrung, wenn er die einzig mögliche Rettung aus dieser Verstricktheit auf die folgende Weise beschreibt: *"Das Gesetz des Geistes, der da lebendig macht in Christus Jesus, hat mich frei gemacht von dem Gesetz der Sünde und des Todes."* - Die gesamte christliche Religion bedeutet die Verneinung und Bekämpfung der Legalität in der Gottesbeziehung oder auch Selbstfindung des Menschen. Sondern auf der Ebene der Religiosität und der Moralität, so wird das eigentliche Christentum immer bekennen, geht es allein um Geistesbewegt- und -geführtheit, um Freude und Kraft, um Notwendigkeit und Identität.

7. Paulus hat die Nichtigkeits- oder Todesverfasstheit des Menschen umfassender auch als seine "fleischliche" Bestimmtheit bezeichnet, damit aber nicht lediglich dgl. wie die animalische Triebhaftigkeit im Auge gehabt, sondern er schließt in

diese Bestimmtheit auch dieses Gemisch aus Dünkel- und Furchthaftigkeit ein, zu welchem die legalistische Denkweise – und zwar geradezu zwingend - erzieht. Für den Apostel ist die Grund-Schicksalsentscheidung insofern am Ende die zwischen dem Geist und dem Fleisch: *"Fleischlich bestimmt sein ist der Tod, geistlich bestimmt sein ist Leben und Friede."*

8. Wenn Paulus nun im Zusammenhang der Nichtigkeitssituation des legalistischen Menschen die Formulierung gebraucht *"Wollen habe ich wohl, aber Vollbringen das Gute finde ich nicht",* so wird in dieser Weise gern immer auch der Satz Jesu gegenüber seinen im Garten Gethsemane in der Nacht vor der Festnahme eingeschlafenen Jüngern aufgefasst: *"Der Geist ist willig, aber das Fleisch ist schwach."* Tatsächlich meint dieser Satz aber etwas ganz Anderes, nämlich: Es geht in der letzten Entscheidung nicht darum, *ausgeschlafen* zu sein, d.h. der Natur oder dem "Fleisch" nachgegeben zu haben, sondern, *unter dem Geist Gottes zu stehen!* Das "Fleisch" richtet nichts aus, nur in einem herrschenden *Geist* liegen die Klarheit und die Kraft (und dann auch schließlich die Freiheit oder gar Freude) eines bei sich selbst seienden Willens.

9. Der Begriff "freier Wille" bedeutet insofern auch etwas gänzlich *Verschiedenes* auf den Ebenen der Legalität und der Moralität. Im einen Falle meint er einen wirklichen Spielraum für Wahl oder Entscheidung, im anderen das freudige Erhoben- und Überwältigtsein eines Wollens zu und durch Gott. Auf der Ebene der Moralität ist die Freiheit mit der höchsten *Notwendigkeit* eins - mit dem Deutschen Idealismus gesprochen (in einer Paraphrase von Em. Hirsch): allein aus dem ewig Notwendigen geht mit ewiger Notwendigkeit die ewige Freiheit hervor -, auf der Ebene der Legalität kennt die Freiheit immer nur dieses "ich könnte auch anders" und rechnet sich ihre Entscheidungen für die gute oder die bessere Handlung insofern auch als Verdienstlichkeit zu. Aber eben nicht die, welche sich - "aus freien Stücken" - zur Gesetzesbefolgung zu überwinden vermochten, sondern die, welche - ohne (und vielleicht sogar gegen) ihren eigenen Willen erwählt - *Getriebene* sind durch den Geist Gottes, sind zugleich *"Gottes Kinder",* d.h. in Übereinstimmung mit Gott und sich selbst.

10. In diesem Sinne hat denn auch Martin Luther mit Entschiedenheit die Behauptung vertreten, der "freie Wille" sei lediglich ein "leerer" und also sinnloser Begriff, vielmehr sei der Mensch wie ein Reittier, das entweder vom Teufel geritten werde oder von Gott und i.ü. auch niemals *ohne* Reiter sein könne. Dass der "freie Wille" demgegenüber auch als das durch den Geist Gottes *"befreite Wollen"* aufgefasst werden kann und sogar muss, hat Luther wohl der Sache nach (zum Beispiel in seiner Schrift *"Von der Freiheit eines Christenmenschen"*), aber nicht begrifflich darzustellen gewusst. Dies ist erst dem Deutschen Idealismus möglich gewesen.

11. Der Mensch kann von sich aus so wenig mit Freude Gottes Willen vollbringen, wie er sich zwingen kann, sich zu verlieben, von Herzen zu lachen oder in einer bestimmten gefährlichen Situation seine Furcht zu verlieren. Der Mensch kann sich nicht entscheiden, wirklich religiös zu empfinden oder moralisch zu handeln, während er sehr wohl sich entscheiden kann, sich legal zu verhalten. Er kann sich nach der Moralität und der Religion aber immerhin *sehnen,* und er kann Gott um sie *bitten,* und *"wenn schon ihr, die ihr arg seid, euren Kindern gute Gaben zu geben versteht - wieviel mehr wird Gott seinen Geist denen geben, welche ihn bitten"!* Kann sich aber der Mensch mit scheinbarer Entschiedenheit äußerlich in den *Einflussbereich* von Gott und Geist bringen, so wird ihn doch auch dazu der Geist Gottes selbst gedrängt haben müssen, und es handelte sich also auch hier wiederum um ein Tun aus einer bereits vorher bestehenden Erwähltheit heraus.

12. Es gibt Natur-Menschen, Wahlfreiheits-Menschen und Geistes-Menschen. Erst als Geistesmensch kommt der Mensch zu sich selbst oder zu seiner Bestimmung, heben sich die Natur, die Wahl und die Freiheit auf in das Gotteskindtum. Die Natur-Menschen müssen immer auf irgendeine Art *schwermütig* sein wie die Wahlfreiheits-Menschen *zerrissen.* Erst die Geistes-Menschen sind *froh und im Frieden*, und sie stehen nun nur *äußerlich* noch zunehmend im Sturm.

Ist Gott auch Mutter?

Weshalb sollte Gott, den die Christen als Vater ansprechen, nicht auch Mutter sein können? Ist er doch auch der Herr, der Schöpfer, *„mein Arzt“, „meine Burg und mein Fels“* usw. - ist er doch am Ende überhaupt *alles! „Alles in allem“,* wie der Apostel Paulus behauptet. Und wenn es am Ende so ist, so wird es doch wohl auch schon am Anfang so sein! Gott und das „Universum" sind einunddasselbe - etwas Anderes ist gar nicht zu denken, und wenn die Christen im Gefolge von Jesus Gott als ihren *„Vater im Himmel“* bezeichnen, dann vollziehen sie eine „Abstraktion“, eine Schwerpunktsetzung, eine Konzentration, welche nun immer zu einer Einseitigkeit führt. Sie *verlassen,* was Gott „an sich" ist!

Und nun auch und gerade unter *diesem* Gesichtspunkt: Was der einen Abstraktion recht wäre, hätte doch der anderen billig zu sein! Würden wir also nicht wenigstens *zeitweise* Gott statt als Vater auch als Mutter ansprechen können? Täte es uns nicht gut? Löste es nicht unsre Erstarrung? Machte es uns nicht toleranter? Würde nicht die Kirche der hin und wieder auch mütterlichen Religion einladender sein als die, in welcher mit Ausschließlichkeit der Vatergott herrscht?

Indessen wäre es zum einen die Frage, wie ein Gott, welcher am Ende (und am Anfang bereits) "alles in allem" sein muss, uns überhaupt zu berühren vermag; denn die Absolutheit ist ja immer sowohl unserer Erkenntnis als auch überhaupt unserer Wahrnehmung entzogen, und der Weisheit letzter Schluss könnte und müsste jetzt immer lauten: Gott *ist* alles und nichts, und er *tut* alles und nichts! Und auf der anderen Seite: Selbst wenn die Zahl möglicher Abstraktionen *eingeschränkt* wäre, hätten wir nicht statt lediglich Ergänzungen auch *Gegensätze* zu bilden? Und wo würde i.ü. auch die *Grenze* zwischen Ergänzung und Gegensatz sein? Würde uns tatsächlich Gott auf diesem Wege fasslicher werden? Wir nennen Gott "Geist" - werden wir ihn dann nicht auch "Materie" oder „Natur“ nennen müssen! Wir nennen ihn "jenseitig“ - wird er uns nicht zugleich auch "diesseitig" sein müssen! Wir nennen ihn "gut", aber zeigt er uns nicht auch oft genug seinen Grimm!

Die Frage, ob Gott auch Mutter ist, könnte ohne weiteres in dem Sinne mit Ja beantwortet werden, wie die Frage, ob er auch ein grauenhafter Dämon ist, mit Ja zu beantworten wäre. Und wenn wir nun das als unsere Religion haben und annehmen wollen, möglichst *viel* Richtiges oder Zutreffendes über Gott formuliert zu haben oder formulieren zu können, so sind wir zwar mit unseren "auch"-Prädikationen auf einem angemessenen Wege, wir werden dann allerdings immer auch zugeben müssen, dass wir keinesfalls mehr so etwas wie eine religiöse *Orientierung* besitzen. Es gibt nun für uns keinen eigentlichen Halt mehr, keinen Glauben und keine Gewissheit - und nach aller Vermutung auch nicht mehr einen Sinn! Jede Bejahung, die wir nun irgend vollziehen, ist unweigerlich durch die entsprechende Verneinung zu konterkarieren - und so bleibt zuletzt entweder *nichts - oder:* es bleibt das, woran wir uns gerade orientieren und festhalten *wollen;* was wir von *uns* aus ergreifen und als unseren Gesichtspunkt fixieren.

In der Tat gibt es auch *allein* auf diese Art einen Glauben, eine Religion – nämlich *innerhalb* jener Richtigkeits-Theologien oder auch innerhalb jener allgemeinen Religiosität, welche nach dem Wort des jungen Schleiermacher *"Sinn und Geschmack für das Unendliche"* ist! In der Tat gibt es allein so eine Bestimmtheit, eine Gefasstheit, eine Form, einen Charakter! Aber zu dieser Bestimmtheit, dieser Form, dieser Gefasstheit, diesem Charakter gehört es nun ganz wesentlich auch, sich nicht das eine Mal an diesem und das andere Mal an jenem Gedanken zu orientieren - was ja von Grund auf dann doch wieder Orientierungs*losigkeit* ist - sondern eine *einzige* Ausrichtung zu haben. Indem wir eine *einzige* Ausrichtung haben, einen Kern- und Zentralgedanken, haben wir einen religiösen *Glauben,* eine *Religion*(und lassen wir es an dieser Stelle jetzt offen, wie wir dazu einmal *gelangten,* dass gerade dieser eine Gesichtspunkt für uns maßgeblich wurde).

Im Christentum ist der Kern- und Zentralgedanke, gegenüber welchem zwar nicht alle anderen schlechterdings verneint werden müssen, aber doch schlechthin verblassen und in den Hintergrund treten, der von der Vaterschaft Gottes im Verhältnis zu den ihm vertrauenden Menschen - von der glaubenden und liebenden Vaterschaft des dennoch unbedingt und heilig bleibenden Gottes. Und welche Vorstellungen von Gott würden hierzu nun eben auch lediglich "ergänzend" genannt werden können, erläuternd, erklärend? Und welche müssten wir als alternativ oder konkurrierend begreifen? Gott kann zwar der Vater und der Heilige, der Schöpfer, der Allmächtige sein, Geist, Wille, Zorn, Herrscher und Lenker. Er kann aber *nicht* der Vater sein *und die Natur:* Seele, Ur-Schoß, Nachsichtigkeit, *Mutter!*

Nun folgt zwar nicht aus jeder beliebigen Abstraktion oder Konzentration Gottes eine eigene Religion, aber es gibt sozusagen *Grundalternativen* - am Ende *zwei* Grundalternativen, zu welchen sich dann die entsprechenden Religionen auch bilden, möglicherweise sich dabei neu wieder noch fächernd, wie wir die Herren-Gott-Religion auf jüdische und islamische Art kennen, und wir kennen auf der anderen Seite die Natur-Gott-Religion in der Gestalt der sog. primitiven oder animistischen Religionen und der der Mythologien beziehungsweise auch der Philosophie. Wir haben auf der einen Seite den "transzendenten“, jenseitigen Gott, eben den "Herrn“ oder den „Schöpfer“ oder den „Allmächtigen“, den „Einzigen“ usw., und wir haben auf der anderen Seite den "immanenten“, den in den Gesetzen und Ordnungen, aber überhaupt auch in dem Walten von Natur und Geschichte (und Schicksal) anwesenden oder wirklich seienden Gott, den wir hier allerdings sinnvoller und besser lediglich „das Göttliche“ nennen.

Wenn das Christentum Gott als den *Vater* begreift, so setzt es dabei den "Allmächtigen" oder den "Schöpfer" voraus und sagt oder denkt etwas über das *Herz* oder die *Gesinnung* von diesem im Verhältnis zu den religiösen oder glaubenden Menschen. Es prädiziert die Vaterschaft nicht von dem immanenten Gott, nicht von der Natur oder dem Schicksal, sondern es wird immer nur sagen, dass die Welt, die Natur, die Geschichte so etwas wie der Mutterschoß ist, durch welchen das göttliche Geistkind oder das geisthafte Gotteskind, nämlich der Mensch in die Wirklichkeit oder das Dasein gelangt, aber Gott *selbst* ist für das Christentum *nicht* Natur oder Welt oder selbst Seele, sondern er ist *Geist* - in seinem Eigensten eben Vater, nicht Mutter. Und insofern hängt das Christentum auch in erster Linie vom Judentum und nicht etwa vom Griechentum ab, und es verwahrt sich gegenüber dem Judentum lediglich darin, dass es das Herz Gottes statt als herrscherlich als väterlich auffasst. Entsprechend betont es auch nicht den „Dienst“ oder den Lohn und die Strafe, nicht die Entscheidungs- und Verantwortlichkeitsfreiheit bzw. die Rechenschaftspflichtigkeit auf der Seite des Menschen, sondern die Einheit im Geist, in der Idee, die Erhabenheit in der Freude, die Notwendigkeit und Selbstverständlichkeit in der Freiheit, die hohe Mündigkeit und Verantwortlichkeit, wie sie die eines *Königskinds* sind. *Wäre* Gott für das Christentum Mutter - und es gibt in der Welt der Religionen diese Alternative - so würde an die Stelle der hohen Verantwortlichkeit die vertrauliche Kindlichkeit treten, und in demselben Maße, in welchem im Verhältnis zu Gott der Mensch nicht das erwachsen-mündig werdende, sondern das behütete und abhängige Kind bliebe, verringerten sich auf seiner Seite auch die gleichsam *Gewagtheit,* die Gefordertheit und die Abgründigkeit. Es müsste notwendiger-weise nun alles geborgener und „heimeliger“ sein oder bleiben. Wohl kann selbst eine Pietá das - wenn auch kaum zentrale - Symbol dieser Mutterreligion sein, niemals aber das *Kreuz,* wie es für den Glauben in der Christenheit steht.

Wie eine Religion der Väterlichkeit Gottes ihre eigene Gesetzmäßigkeit und Wirklichkeit hat, so würde auch eine Religion der Mütterlichkeit Gottes die ihre besitzen; sie würde auf bestimmte Art auch ihrerseits hin- und mitreißend sein, würde auch ihrerseits „funktionieren“ und „aufgehen“ - genauso wie die Herren-Gott-Religion oder die Natur-Gott- (oder Gott-Natur-) Religionen „funktionieren“ und „aufgehen“. Allerdings auch genau in *dem* Maße nur immer, in dem man sie ernst nimmt und konsequent ist in ihnen. Beginnt man stattdessen aber, alle diese Möglichkeiten zu mischen, so wird auch überhaupt - wenn nicht die Grund-Religiosität (an der liegt aber auch nichts!), so doch - der religiöse *Charakter* sich bald auflösen müssen. Wen ruft der Christ an? Wen bemüht er sich zu vertreten? An wen hängt er sein Herz? Wem gibt er sein Leben? Für wessen Ehre verwendet er sich, und wem versucht er auch Ehre zu *machen?* Das sind Fragen, durch welche er sich selbst identifiziert! Und kein Mensch wird ja sein Herz hier zu *teilen* vermögen!

Kehren wir an den Anfang zurück: Genauso lebhaft, wie der vernünftig *denkende* Mensch der Gottheit in ihrer Absolutheit immer *alles* zuschreiben wird, also „auch“ das Muttersein, genauso aber lediglich „auch“ das Vatersein usw., wird der christlich *glaubende* Mensch Gott - als den *Kern* nämlich der Absolutheit - *allein* oder *vor allem* das Vatersein zuschreiben wollen. Er wird auch so nicht ohne Mutter sein müssen, er wird sie jetzt eben nur nicht in Gott, sondern in der *Welt,* in der *Natur,* insbesondere dann auch in seiner *Kirche* – er wird sie nicht im "Himmel", sondern auf der *Erde* entdecken und ehren! Und während jener rein vernünftig Denkende dazu verdammt immer ist, ein lediglich *gespenstisches* Dasein zu führen – denn kein Wesen kann sich mit der Absolutheit verbinden und dennoch plastische Wirklichkeit haben – wird der (christlich) Glaubende im höchsten Maße ein Mensch in der *Wirklichkeit* sein: durch den Geist mit dem Himmel verbunden und in seinem Herkommen und Handeln und Dulden zugleich doch der Erde vereignet.

Einblick in das, was ist

Der Titel ist "heideggersch" und führt auf das Gebiet der Metaphysik. Da allerdings Heidegger selbst, der die Metaphysik als eine "onto-theo-logisch" verfasste sehr wohl zu kennzeichnen wusste, das spezifisch *Theo*logische praktisch vernachlässigt und damit auch den Menschen um seinen eigentlichen Bezugspunkt gebracht hat, darf und muss dieser Einblick noch einmal von neuem erfolgen.

Was ist metaphysisch der Sachverhalt oder der Fall? Und zwar *unter* der Oberfläche, in der *Tiefe,* im *Großen* und *Ganzen!* Was ist der Fall mit der Menschheit, mit Gott, mit der Welt?

Die Antwort darauf liegt keinesfalls in einer solchen Weise am Tage, dass sie mit geringer Mühe in eine jedermann zugängliche Sichtbarkeit gebracht werden könnte. Das, was der Fall ist, würde selbst dann nicht in eine allgemeine Sichtbarkeit kommen, wenn wir es mit wenigen Sätzen oder Begriffen zutreffend aussprechen *könnten.* Es ist zwar ein äußerst Einfaches, weil überall zugrunde Liegendes und alles Durchherrschendes - aber gerade so bleibt es verborgen.

Wir könnten allerdings zuvor auch schon fragen: Welches *Interesse* besteht denn überhaupt an einer Aufklärung dessen, was metaphysisch der Fall ist? Würde sich unter einer solchen Aufklärung etwas grundlegend ändern? Möglicherweise! Zu wessen Gunsten jedoch? Oder anders gefragt: Würde Aufgeklärtheit für die Menschen das Leben angenehmer sein lassen? Vielleicht keinesfalls! Vielleicht würde sie den Menschen das Leben eher noch angestrengt machen! Wie aber, wenn der Sachverhalt nach einer ganz eigenen, inneren Gesetzmäßigkeit voranschreiten muss – und auch ganz unbekümmert darum, wie angenehm oder unangenehm sich dieses Voranschreiten auswirkt! In dem Falle würden wir lediglich einen geringeren oder höheren Gradheit von Wachheit jeweils feststellen können, das tatsächliche Vorangekommen- oder auch Zurückgebliebensein einer Entwicklung. Und wenn wir nun in die Gegenwart gehen, so stellen wir hinsichtlich der Aufgeklärtheit zweifellos fest, dass unter 6 Milliarden Menschen weltweit die unterschiedlichsten Stufen und Formationen bestehen, aber wir werden uns lediglich der *fortgeschrittensten* Formation zuwenden dürfen, um festzustellen, was metaphysisch der Fall ist, indem es zu dieser auch alle anderen irgendwie hindrängt bzw. diese in Beziehung darauf gedacht werden müssten.

Die fortgeschrittenste Formation werden wir aber im christlichen Abendland finden, und hier besteht die Fortgeschrittenheit ziemlich genau darin, dass Gott sich im Christentum als Geist dargestellt hat, in das Menschsein hineinging und sich nunmehr in diesem - sei es in einem guten oder in einem schlechten Sinn - *aufgelöst* hat. In der fortgeschrittensten Formation metaphysischer Selbsthabe *vertritt* entweder der Mensch Gott oder er hat ihn *ersetzt.* Wenn er ihn *vertritt,* dann ist er sich Gottes umfangreich und geläutert *bewusst*, und er ist nicht unbedingt aktuell, aber doch generell in der Lage, entschiedene und bestimmte Aussagen über Gott und die Welt und sich selber zu machen. Hat der Mensch dagegen Gott nur *ersetzt,* dann ist ihm der Begriff Gottes nurmehr ein *Raunen* - in der Wirklichkeit oder Praxis ist der Mensch mit sich selber allein, und er ist nun entweder damit beschäftigt, sich die Welt nach seinen Wünschen und seiner Bequemlichkeit *umzugestalten,* oder aber: sie in ihrer tiefen Unbegriffenheit zu *bestaunen* bzw. vor ihr zu *erschrecken* – die Welt ist dann entweder die in Arbeit und Kampf nutzbar zu machende geworden oder aber die verzaubernde und zurückstoßende bzw. die sich in beidem beständig nun *abwechselnde* Welt.

Wird es aber immer ein zahlenmäßig *geringerer* Teil sein, welcher Gott zu *vertreten* gewählt hat (wir sagen "gewählt", aber es handelt sich zugleich um ein gewählt worden *Sein)* - das Edle ist bekanntlich so schwer wie auch selten -, so haben wir auch die Feststellung zu treffen: In einem Weltalter der fortgeschrittensten Formation des Bewusstseins haben wir es *in der Fläche* mit der (wenn am Ende auch immer vergeblich sein müssenden) *Ersetzung* Gottes durch den Menschen zu tun. Die letzte Menschheit ist eine im Großen und Ganzen sich Gott *entfremdet* habende Menschheit und sich abmühend an etwas, das sie nie zu erreichen vermag.

Das ist es, was heute metaphysisch der Fall ist! Das Echte und Wahre ist zwar im Großen und Ganzen und in einem Maße, wie es noch niemals der Fall war, als eine ergreifbare *Möglichkeit* da, aber es *wird* allgemein nicht ergriffen, sondern verfehlt und missachtet! Nun aber *ist* nicht allein der Ersatz, sondern er *befestigt* sich auch zunehmend noch! Und müssen wir diesen Ersatz u.a. als Täuschung und Lüge begreifen, so werden wir auch annehmen müssen, dass beide immer verfeinerter werden. Ein immer engmaschigeres, dichteres Netz aus Täuschung und Verstellung legt sich über die Welt und verschafft den Menschen eine Heimat und ein Zuhause, welche lediglich noch eine Scheinheimat und ein

Scheinzuhause sein *können*. Die in solcher Gottesersetzung sich aufhaltenden Menschen sind von Grund auf *zerrissen*. Aber ihre Zerrissenheit – statt sie zur Besinnung zu rufen - beflügelt sie *noch* mehr, durch ihre Ersatzhandlungen zu einem irgendwie Ganzen zu kommen - sie geraten in diese Dynamik des Falschen, in welcher ein organisch sein und leben Wollendes immer nur lediglich *mechanisch* oder durch Zusammensetzung produziert werden kann und also *ohne* eine Mitte, *ohne* Herz und Leben sein muss. Allenfalls einen *Kontrollpunkt* oder ein Kontroll*zentrum* kann es hier geben, und es ließe sich die weitere Frage noch stellen, wer denn nun dieses Kontrollzentrum *besetzt* hält, und zweifellos wird dies weder ein *einzelner* Mensch sein noch eine bedeutende *Masse*, sondern das Wahrscheinlichste ist: eine *Clique!* Eine Clique, welche ein Gutes immer nur *vorgeben* wird, aber tatsächlich für ihren Eigennutz handelt! Diese Clique hält sich durch das Gott- und Geist*fremdeste* an der Macht, das es überhaupt gibt, nämlich das *Geld;* und sie bewegt sich, da sie andernfalls allzu offenbar werden müsste, auf dem Gebiete des Geistes zunehmend bewusst auch mit Täuschung und Lüge. D.h. wiederum, sie ersetzt nicht nur. sondern *benutzt* auch alles, was Geist ist: die Religion, die Moral, das Schöne, die Weisheit. Sie überdeckt mit Aufstellungen, welche scheinreligiös, scheinmoralisch, scheinwahr und scheinschön lediglich sind, ihren eigentlichen hässlichen und unguten Kern, und sie versucht alles Echte und Wahre noch für sich arbeiten zu lassen. Ist aber Christus das Symbol des *Vertretens* der Gottheit, so ist das ihrer Ersetzung der *Teufel,* der Antichrist, der Verwirrer! Die sich *tatsächlich* in der fortgeschrittensten Formation metaphysischer Selbsthabe einrichtende Macht ist die teuflische Macht. Ihr liegt nicht an Religion, Moral, Wahrheit und Schönheit, sondern lediglich an der unendlichen Erweiterung ihres Einflussgebietes - und nicht von ungefähr ist dies lediglich eine formale Beschreibung; denn der Kern dieser Macht ist das *leere* Selbst oder die Hohlheit. Und es ist wiederum das an sich ein Nichts seiende *Geld* der extrapolierte Wert dieser Hohlheit. Gott oder der Mammon, so lautet gerade am Ende die Alternative.

Neben dem Umstand, dass sich zunehmend und weltweit die Machtverhältnisse in der genannten Weise einrichten müssen (dass Gott sich in Christus als *Geist* offenbar gemacht hat, führt geradezu *unvermeidlich* dazu!), ist es aber auch eine atmosphärisch sich nahelegende Umstellung in der Gemüts- und Seelenbestimmtheit der Menschen, welche wir gewärtigen müssen. In demselben

Maße nämlich, in welchem Gott oder der Geist ihre Prägekraft gegenüber dem Ganzen verlieren, drängen sich nun die Natur oder das *Unmittelbare* hervor, beginnt das Weibliche gegenüber dem Männlichen, das Mütterliche gegenüber dem Väterlichen sein Recht und seine Macht zu behaupten. Und auch dieses noch einmal kommt jener teuflisch ihre Macht behauptenden Herrschaft (mit der es an sich durchaus nicht verwechselt sein möchte) *zustatten.* Eine Menschheit, welche vor allem anderen um ihre *unmittelbaren* Lebensinteressen, um die *unmittelbare* Notdurft des Leibes und Lebens besorgt ist, lässt sich nämlich nur umso besser beherrschen: indem man ihr zum einen dieses Unmittelbare *gewährt*, zum anderen sie darin noch erzieht und bestätigt, dass gerade diese Unmittelbarkeit in Essen und Trinken und Zeugen und Bequemlichkeit Haben (das Heilige und die Wahrheit werden durch das *Unterhaltsame* ersetzt), in sich selbst bereits der *Lebenssinn* seien. Und tatsächlich *kennt* ja auch jene Clique außer dem genannten Genuss ihrer Macht selbst keinen Sinn, und sie verwandelt sich in gewisser Weise und mit einer lediglich quantitativen Einschränkung die von ihr Beherrschten auch *an.* Die Welt wird durch Brot und Spiele beherrscht! Und die sie beherrschen, können selbst gar nichts Anderes kennen.

Was aber ist unterdessen mit jenen wenigen Edlen, mit jenen nicht Gottes-*ersetzern,* sondern *-vertretern?* Sie werden den anderen zunehmend fremd werden müssen und die anderen ihnen! Die herrschenden Weltmächtigen werden sie entweder auszuschalten oder zu vereinnahmen suchen, und es wird ihnen vermutlich auch in einem umfänglichen Maße gelingen. Diese selbst aber werden *nicht* ihrerseits irgendeine Macht oder Herrschaft anstreben können und jene anderen etwa mit wirtschaftlichen, politischen, polizeilichen oder militärischen Mitteln bekämpfen, sondern sie werden lediglich sehen, *standhaft* zu bleiben und in ihrer Standhaftigkeit beispielgebend und werbend und einladend - für diejenigen anderen, welche da noch nicht *gänzlich* hinübergezogen sind auf die Seite der Nacht und der Blindheit und in denen zumindest noch *etwas* Wahrheitslicht, moralisches Gewissen, Schönheitssinn und Religionsfeuer glimmen. Die im Großen und Ganzen Zurückgedrängten können sich immer noch *sammeln!* Sie können zu einer Bewegung auch im *Untergrund* werden. Sie können *sich* noch auf ihre eigene Weise behaupten. Und sie *müssen* dieses sogar, wenn sie denn Selbstbewusstsein und Würde besitzen, wenn ihnen an ihrem Gott etwas liegt und wenn sie nicht zuletzt auch sich selber zu retten bemüht sind. Die Gemeinschaft aber, die sie nun bilden - und es ist eine Gemeinschaft und keinesfalls eine Gesellschaft, in welcher sie ein tatsächliches Zuhause und eine Heimat besitzen - ist nicht ein Staat – einen Gottes*staat* kann und wird es erst in der Ewigkeit geben - sondern allein eine *Kirche!* Die Kirche in diesem Sinne (und nur in diesem Sinne) ist das tatsächliche und auch einzigmögliche Reich Gottes auf Erden (Gottes tatsächliches Herrschaftsgebiet nämlich), das Ewige in der Zeit, das Echte unter dem Ersatz, das Wahre unter dem Falschen. Und die da Teilhaber sind dieser Kirche, müssen diese gesamten Zusammenhänge auch in ihrem Bewusstsein besitzen. Sie müssen das Bewusstsein ihres *Adels* besitzen! Und was jenen anderen das Geld, das ist ihnen das "Blut", der Charakter, die Kindschaft. Ein Adel, welcher immer nur dargelebt (und dargelitten) sein kann; welcher sich nicht durch äußerliche Mittel vermehrt; welcher nichts produziert, "macht", etabliert oder organisiert, sondern lediglich *ist* - aus einer ihm immer wieder von Gott verstatteten Fülle heraus handelt, immer nur wieder offen ist und empfänglich für die Unendlichkeit Gottes, und *wenn* er etwas "organisiert", dann lediglich in einem kleinen und überschaubaren Bereich. Sowie aber Geld oder Machtmittel auch hier wieder eine Rolle zu spielen beginnen, steht auch bereits die Gemeinschaft am Abgrund. Diese Gemeinschaft, diese "Kompagnie", wenn wir ihre Existenz einmal mit der von darstellenden Künstlern vergleichen, siegt oder "herrscht" allein durch ihr Spiel, nicht durch die Größe des Konzertsaals oder Theaters, welche sie zu füllen vermag, nicht durch das Management ihrer Agenten, die sie beschäftigt, nicht durch die Presse, welche sie hat. Wenn man sie in ein größeres Theater oder in einen größeren Konzertsaal dann einlädt - nun, umso besser! Aber hierauf ist durchaus nicht ihre Anstrengung gerichtet! Ihre Anstrengung ist allein, im Dienste dessen, das repräsentiert werden will, sie selber zu sein immer noch wieder zu werden. Ja, eben auch unter den widrigsten Umständen sie selber zu sein und zu werden.

Der Antichrist

Die Frage, wer der Antichrist ist (nach der Johannesoffenbarung – die übrigens aber die Bezeichnung "Antichrist" nicht gebraucht - ist sein Name in der Zahl 666 verschlüsselt), hat die großen Kirchen - solange sie sich stark fühlen konnten - in der gesamten nachkonstantinischen Epoche, in welcher sich das Christentum unter einem besonderen Schutz des Staates befand - und d.h. nahezu bis heute - selten bewegt. Allein wo das Christentum - oder sagen wir jetzt genauer: das sich als das *wahre* empfindende und ergreifende Christentum eine Minderheit war oder in einer Verfolgungssituation lebte, konnte die Frage eine besondere Brisanz jeweils gewinnen. So hat die reformatorische Bewegung – allerdings auch nicht lediglich sie - insbesondere das *Papsttum* mit dem Antichristentum identifiziert (inzwischen unter dem Hinweis z.B., dass die Summe der als Zahlenwerte genommenen lateinischen Buchstaben der amtlichen Papstbezeichnung VICARIUS FILII DEI/ Stellvertreter des Sohnes Gottes, 666 beträgt), später hat man in der Französischen Revolution oder auch in Napoleon das Antichristliche gemeint wahrnehmen zu können, und im 20. Jahrhundert sind den einen Lenin oder Stalin und den anderen Hitler Verkörperungen des Antichristus gewesen. Tatsächlich haben sich sowohl die international-kommunistische wie auch die nationale oder rassistische Bewegung auch ausdrücklich als antichristlich begriffen und sich entsprechend geäußert. So sagt etwa der Vorreiter des Kommunismus Pierre-Joseph Proudhon (in: Die Gerechtigkeit in der Revolution und der Kirche): *"Die Freiheit ist euer Antichrist. O komm, Satan, du von den Priestern und Königen Verleumdeter ... deine Werke, o du Gesegneter meines Herzens, sind nicht immer schön und gut; aber du allein gibst dem Universum einen Sinn."* Nietzsche als naturalistischer Vorläufer des Nationalsozialismus konnte erklären: *"Ich bin der Antichrist."* Und der Vorsitzende des berüchtigten Volksgerichtshofes, Freisler, so berichtet der schließlich hingerichtete Helmuth James Graf von Moltke, habe in einer seiner Tiraden geäußert: *"Nur in einem sind das Christentum und wir gleich: wir fordern den ganzen Menschen!"*

In der jüngsten Zeit breitet sich eine ausdrücklich antichristliche Bewegung insbesondere in der Jugend-Subkultur aus. Eine ganze Reihe von musikalischen Stilrichtungen (Punk, Metal, Gothic) propagieren offen das Antichristentum, und einer Medien-Mitteilung vom Anfang des Jahres (2010) zufolge versucht derzeit in England auch die bekennend antichristliche sog. Heavy-Metal-Szene ausdrücklich als *Religion* Anerkennung zu finden.

Die Widerstände gegen alles dieses von Seiten einer einstmals christlich geprägten gesamten abendländischen Kultur sind seit etwa zweihundert Jahren bis auf Restbestände zusammengeschmolzen. Das Gefühl, in der Moderne (oder auch Postmoderne) auf der Höhe des Geistes zu stehen, ist nicht am Evangelium oder an Gott orientiert, sondern an der menschlichen Freiheit im Sinne der "Autonomie", des bürgerlichen Rechts und der Möglichkeit, sich selbst zu bestimmen, während das Christentum allein eine Freiheit der "Theonomie", der Gottesbestimmtheit kennt und anzuerkennen vermag. *Es* kennt ausschließlich *"die Freiheit der Kinder Gottes",* wie der Apostel Paulus es sagt, oder - mit dem Evangelisten Johannes - "des Geistes und der Wahrheit". Die Freiheit der Christen ist eine entschieden *gebundene* - die Freiheit des Antichristentums dagegen ist eine ungebundene und sich zerstreuende (damit notwendigerweise aber auch leere) Freiheit der Unmittelbarkeit oder mit dem biblischen Ausdruck: des "Fleisches", der Bezogenheit auf sich selbst, der zumindest *vermeintlichen* Bestimmtheit durch *sich.*

Versuchen wir von den biblischen Aussagen her zu noch ein wenig mehr Klarheit zu kommen, so werden wir auf eine bestimmte Ansicht vom menschheitlichen *Geschichtsverlauf* stoßen, dass nämlich das Reich Gottes oder das Reich Christi und auch das des genauen Widerparts ihm gegenüber eine *Entwicklung* durchlaufen: dass die Kindschaft Gottes wie die auch die seines Widerparts oder der Welt *beide* zu einem zunehmenden und dann auch äußersten *Selbstbewusstsein* in dem doppelten Sinne des Wortes gelangen (*Klarheit* über sich selbst und *Bejahung* auch seiner), dass sich sodann eine äußerste *Auseinandersetzung* (ebenfalls in dem doppelten Wortsinn) vollzieht und Christus zuletzt (nachdem eine Zeit lang das Widergöttliche oder Antichristliche freie Hand gehabt hat) "mit dem Hauch seines Mundes", wie da gesagt wird, den End- oder Widerchrist tötet.

Dass das Antichristentum in einer besonderen und einzigartigen *Gestalt* sich verkörpert - genauso wie Wahrheit und Geist Gottes in der Gestalt Jesu Christi ihre Verkörperung fanden, ist dabei unter den Christen ein früher, wenn auch sicher nicht zwingend notwendiger und insofern dann doch auch vereinzelt bleibender Gedanke gewesen (im 1. Johannesbrief ist i.ü. die Bemerkung zu finden, dass es nicht lediglich *einen,* sondern *viele* Antichristusse gebe), und für den Apostel Paulus und auch für den Evangelisten Johannes stehen in dieser Welt von Anfang bis Ende einfach nur *Fleisch* und *Geist* gegeneinander – sie kennen die Figur eines besonderen Antichristen erst gar nicht. Immerhin, wenn sich innerhalb der Menschheit besondere Propheten, Könige und Priester in der *Wahrheit* zu erheben vermögen, so wird es sie auch in der Unwahrheit, und d.h. am Ende: in der *Gegen*wahrheit wohl geben: des Widergöttlichen, des "Fleisches", der eben sich selbst bestimmenden Freiheit, und vielleicht eben in einer besonderen Ausgeprägtheit oder Vollendung in bestimmten Personen sogar. Und wenn des weiteren überhaupt diese gegenwärtige Welt die eines Austrages der höchst- oder tiefstmöglichen Gegensätze bedeutet, dann erfordert es geradezu eine höhere *Dramaturgie,* dass sich irgendeine Art Zuspitzung begibt, und diese Zuspitzung oder äußerste Symbolisierung würde i.ü. ja auch nicht nur etwas Bedrängendes (in den urchristlichen Schriften ist von einer endzeitlichen "Drangsal" die Rede), sondern immer auch etwas die Lage *Klärendes* haben.

Indessen bleibt es die Frage, ob es für die Christen tatsächlich angezeigt ist, die Zahl 666 aus der Apokalypse mit einer geschichtlichen Gestalt, an welcher etwas Prophetisches, Königliches und Priesterliches sich fände, zu identifizieren zu suchen, oder ob es nicht ihre beständige Aufgabe sein sollte, das antichristliche *System* zu begreifen. Zu begreifen, dass es ein System *Gottes* gibt und der Wahrheit und genauso ein System *wider* Gott und die Wahrheit. Dass sie *hier* Wachsamkeit und Nüchternheit lernt und einen unverstellten Blick auf die in dieser Welt gegebenen Sachverhalte zu gewinnen versucht, d.h. vor allem auch: sich vor Verwechslungen hütet. Denn das Christentum ist beispielsweise nicht allein dem *Inhumanen,* sondern auch dem *Humanismus* entgegengesetzt – ähnlich wie es das *Gesetz* zwar *erfüllt,* aber zugleich immer auch *aufhebt* und sogar zu bekämpfen versteht. Und so können des weiteren etwa auch bestimmte kirchliche Ergebenheitsadressen an Demokratie oder "Freiheitlichkeit" nicht christlich gerechtfertigt werden, da doch das System des Reiches Gottes zweifellos weder ein demokratisches sein kann noch ihm eine Freiheitlichkeit im Sinne von "Wahlfreiheit" bekannt ist. Die Christen können sich in Wahrheit sogar nicht einmal *gleichgültig* verhalten gegen Freiheitlichkeit und Demokratie, sondern sie haben wie überall so auch hier mit den Augen des Glaubens zu sehen, und d.h. sogleich wiederum: sie haben zu sehen, dass es einen *Gegensatz* auch dieses – "humanen" - Weltsystems gegen das Gottessystem des Evangeliums gibt.

Aber noch einmal: Wir sollten uns als Christen weniger eingehend mit den jeweiligen politischen oder "kulturellen" Gegebenheiten befassen (welche wir lediglich mit einem nüchternen oder skeptischen Abstand betrachten) als mit den unterschiedlichen *Mentalitäten* des Reiches Gottes und des Reiches der Welt, welches *ohne* Gott zunehmend ein Reich *gegen* Gott wird. Glaube und Liebe und Hoffnung stehen dann auf der einen, Selbstbezogenheit, Taktik und Intrigantentum auf der anderen Seite. Hier haben wir Hingabe und Opferbereitschaft, dort Spekulation und Gewinnmaximierung. Hier die Bereitschaft zu dienen, dort nur den Willen zu herrschen. Hier die Freude an der ewigen Wahrheit, dort den Spaß, das Vergnügen an im Grunde Belanglosigkeiten. Hier die Sammlung im Einen, dort die Zerstreuung im Vielen. Hier den Frieden, der sich aus der Teilhabe an einem unzerstörbaren Leben gewinnt, dort den Frieden des Friedhofs, der immer nur mit todbringender Macht und Gewalt hergestellt werden kann. Hier das Ansehen und die Würde, welche durch den liebenden Blick *Gottes* bedingt sind, dort das Ansehen und die Würde, welche sich von der Aufmerksamkeit der *Welt* lediglich nähren. Das eine System ist ein solches unendlichen Lebens, obgleich es ein solches der Schwäche und des Todes zu sein scheint. Das andere System ist ein solches des Todes, obgleich es in seiner bunten Vielfältigkeit endlos lebendig zu sein scheint.

Die Wahrscheinlichkeit eines Auseinandertretens, einer Auseinandersetzung und damit auch eines Zusammenstoßes dieser beiden Systeme spricht zweifellos für das relative *Recht* allen endzeitlichen Denkens: An irgendeinem Punkt in der menschlichen Seele, aber auch in dem äußeren Leben der Menschen sind der Austrag und die Entscheidung einmal nicht mehr vermeidbar! Dann fällt eine Entscheidung, um welche es überhaupt immer schon ging, auch im äußeren Dasein, nämlich zwischen Gott und der Welt, zwischen dem Geist und dem Fleisch, zwischen der Wahrheit und der Freiheit, zwischen Christus und Satan. Und sie fällt dann mit Ernst und mit Tiefe.

In der Johannesapokalypse heißt es über das Tier aus dem Meer, ihm wird es erlaubt sein, dreieinhalb Jahre zu herrschen, und alle die, deren Namen *nicht* im Buche des Lebens sich finden, werden es verehren und zu Füßen ihm fallen. Über die aber, die Gott zugehören, wird an dieser Stelle gesagt: *"Hier ist Geduld* (sprich: Standhaftigkeit) *und Glaube* (sprich: Vertrauen und Zuversicht) *der Heiligen* (ergänze: vonnöten)." Und dann ist von einer zweiten Gestalt noch die Rede - nicht aus dem Meer, sondern bereits aus der Erde, aber eben durchaus nicht vom Himmel, und diese Gestalt ist äußerlich ähnlich dem Christus, spricht aber als ein prophetischer Mensch Satans – und ihr verschlüsselter Name ist eben 666. Der an dieser Zahl *vorbei* interessante Sachverhalt ist vor allem der Hinweis, dass sich hier politische Gewalt und prophetischer oder religiöser Anspruch miteinander *verbinden:* dass sich also nach der Apoklaypse eine religiös aufgeladene politische Ordnung herstellen wird, die sich vielleicht als eine Art "Gesamtkunstwerk" begreift und die den wahren Anspruch Gottes geradezu *gezwungen* ist zu verdrängen. Oder wenn wir noch einmal auf den 1. Johannesbrief zurückgreifen wollen und auf die Stelle, an welcher dieser Begriff "Antichrist" seinen Ursprung auch hat: *"Glaubt nicht einem jeglichen Geist, sondern prüfet die Geister, ob sie von Gott sind; denn es sind viele falsche Propheten. Und ein jeglicher Geist, der Jesus nicht bekennt, der ist nicht von Gott, und das ist der Geist des Widerchristus, von welchem ihr gehört habt, dass er kommen werde und ist schon jetzt in der Welt."* (1 Joh 4,1-3)

Nüchternheit und Wachsamkeit sind für die Christen das Gebot gegenüber *allen* Gestalten, welche das Antichristentum annehmen kann: von den unscheinbarsten weltoffenen Formen des Humanismus über eine *selbst* kirchlich und christlich sich darstellende Verwirrung der Wahrheit bis hin zu der ausgesprochenen Absicht, das Evangelium vernichten zu wollen!

Macht, Recht, Freiheit und Religion

Unter *Macht* verstehen wir die zugestandene oder selbst angeeignete tatsächliche Herrschaft Einzelner oder einer Gruppe über andere Einzelne oder Gruppen, welche alsdann als die Beherrschten die in ihrer Freiheit, in ihren Möglichkeiten und in ihrem Vermögen *Eingeschränkten* sein müssen. *Freiheit* (auf eine vorläufige und noch untergeordnete Weise, nämlich als *Willens*freiheit begriffen – es gibt dieser gegenüber nämlich auch noch eine Wesens- oder Zugehörigkeitsfreiheit) ist die Selbstbestimmtheit des Einzelnen oder einer Gruppe in allen Entscheidungen, welche überhaupt einer Wahl unterliegen (unsere Natur- oder Gottesbestimmtheit, und nur in dieser können wir auch unsere Wesensfreiheit begreifen, unterliegt nämlich *nicht* einer Wahl; wir können mit wahlfreiem Willen Vertreter für unsere Angelegenheiten bestellen und ihnen dafür zum Beispiel Steuern bezahlen, wir haben aber nicht die Wahlfreiheit, uns etwa zu Fischen oder zu Schmetterlingen zu machen). Das *Recht* ist die dem Menschen ursprünglich von Gott oder der Natur, faktisch unter Umständen aber auch nur von anderen Menschen zugestandene Wahl-, aber auch Wesensfreiheit, sofern sie in Abgrenzung, aber auch Zuordnung zu seiner *Pflicht* definiert worden ist. *Religion*, ganz im allgemeinen betrachtet, ist die im günstigen Falle von allen oder doch den meisten anerkannte Wahrheit einer über jeder möglichen gesellschaftlichen Abmachung noch waltenden heiligen und also grundsätzlich nicht veränderbaren Ordnung und so auch die Grundlage dafür, dass das Recht und die Freiheit *gewahrt* werden müssen bzw. auch können. In gewisser Weise ließe sich dabei statt "Religion" auch "allgemeine Sittlichkeit" sagen; denn es ist nicht nur "gottlos", sondern auch unsittlich, das Recht und die Freiheit über das hinaus, was die Pflicht schon gebietet, einzuschränken und zu begrenzen – indem wir dennoch den Begriff "Religion" festhalten wollen, versuchen wir sicherzustellen, dass das Moment des Heiligen, d.h. des nicht Gewählten und nicht Wählbaren, sondern schlechthin Vorgegebenen an der allgemeinen Sittlichkeit bewusst bleibt oder deutlich gemacht ist. Es ist insofern allerdings auch zu betonen: es ist hier nicht die Rede von einer *bestimmten* oder *positiven* Religion!

Die Religion fordert – und zwar schlechthin! – dass der Mensch, als in erster Linie dem Heiligen oder Gott zugehörig, unter seinesgleichen grundsätzlich (wesens- und wahl-) frei sei und also grundsätzlich kein anderer Mensch auf ihn Ansprüche habe oder über ihn zu bestimmen befugt sei. Daraus folgt aber eben keinesfalls die Beliebigkeit seines Handelns, sondern er ist wie unter Rechte so eben auch unter Pflichten gestellt, und die erste dieser Pflichten wird zwangsläufig bereits darin bestehen, das mit dem seinen *gleiche* Recht seines Nebenmenschen zu achten. Zweifellos wird es nun aber, da nicht lauter einzelne Menschen immer nur für sich und nebeneinander bestehen und zu bestehen vermögen, im Zuge einer gedeihlichen Organisation der menschlichen Gesellschaft, welche alsdann zu einer *Gemeinschaft* auch wird, dazu kommen, dass Macht ausgeübt wird und nun der eine (auf welcher Grundlage auch immer) bestimmt und der andere (oder sogar *die* anderen) folgen. Es kann gar nicht anders sein, aber die Frage ist eben, wie dieses Verhältnis gleichsam austariert ist: ob es am Ende sogar noch die *Willkür* des Bestimmenden zulässt oder ob der Bestimmende beschränkt und verpflichtet stets bleibt, das Freiheitsrecht des (und der) anderen weitestgehend zu wahren oder unangetastet zu lassen, indem er sich jenem Heiligen fügt. Und es ist die weitere Frage natürlich auch immer, ob und wie diese Wahrung und Unangetastetheit zu *gewährleisten* ist. Herrscht tatsächlich im allgemeinen in einer Gesellschaft oder Gemeinschaft Sittlichkeit oder Religiosität, nämlich in den Köpfen und Herzen, so werden alle oder die meisten gleichsam von selbst schon bedacht sein, ihre eigene Pflicht zu erfüllen, sich also selbst zu beschränken und die Rechte der andern zu wahren, herrscht aber Sittlichkeit oder Religiosität in diesem Sinne bei einer Minderheit nur (während die Mehrheit bestrebt lediglich ist, auf ihre *eigenen* Kosten zu kommen oder ihr willkürliches und zufälliges Ziel zu erreichen und dazu notwendigerweise die *anderen* in Schranken zu halten), so muss sich eine Gesellschaft so organisieren, dass durch *Gesetze* und durch einen diesen Gesetzen Geltung verschaffenden Apparat *künstlich* ein gewisses Gleichgewicht hergestellt wird, und es ist aus der Logik der Sache heraus nunmehr damit auch zu rechnen, dass Rechte und Pflichten beständig nur *eingeklagt* werden müssen und selbst dann noch nicht notwendigerweise zu ihrer Verwirklichung kommen. Was den grundlegenden Charakter einer Gesellschaft betrifft, müssen insofern die Prinzipien der *Moralität* und der *Legalität* geradezu als *Alternativen* aufgefasst werden: eine sittliche heruntergekommene Gesellschaft wird irgendwann beinahe in einer Flut von Gesetzen *ertrinken* (fast könnte man geneigt sein, von einer verdienten *Sintflut* zu sprechen), während umgekehrt eine sittlich hochstehende Gesellschaft insofern kaum der Gesetze bedarf bzw. diese gar nicht bemüht werden müssen, als sie eben von selbst danach handelt (oder religiös ausgedrückt: *"Was da gesagt ist: 'Du sollst nicht ehebrechen; du sollst nicht töten; du sollst nicht stehlen; dich soll nichts gelüsten', und was noch mehr geboten ist, das wird in diesem Wort zusammengefasst: 'Du sollst deinen Nächsten lieben wie dich selbst.' Die Liebe tut dem Nächsten nichts Böses. So ist also die Liebe des Gesetzes Erfüllung"* – und Ende seine Aufhebung auch, wie derselbe Verfasser an einer anderen Stelle noch dartut.)

Kommen sittlich hochstehende Gesellschaften in der Wirklichkeit überhaupt vor? Die *schlechthin* sittliche Gesellschaft kommt zweifellos in der Wirklichkeit *nicht* vor, sie wäre geradezu mit dem Reich Gottes identisch, aber diese Beobachtung sollte den Blick dafür nicht verstellen, dass sich erhebliche *Gradunterschiede* in der Wirklichkeit immer beobachten lassen, und des weiteren wäre auch zu bemerken, dass in Gesellschaften, in welchen die Religion etwas Lebendiges ist und sich tatsächlich einer allgemeinen Hochachtung erfreut, auch die Sittlichkeit mit größerer Verlässlichkeit da ist als in Gesellschaften, deren unausgesprochene oder auch bereits ausgesprochene Ideologie lediglich darin besteht, dass der Mensch und vor allem das Individuum sich selber gehöre (und also nicht einem Heiligen, nicht seinem Wesen, seiner Bestimmung, nicht Gott). Leidenschaft für die Erkenntnis der Wahrheit, Religiosität, Sittlichkeit – die Kultiviertheit und dann auch beständige weitere Pflege dieser (nach Fichte) *höheren Stufen des Menschseins* sind immer – nicht nur die wirksamsten, sondern sogar – die einzigen Garanten für eine Gesellschaft, in welcher überhaupt etwas natürlich-lebendiges und also seinen eigenen Begriff auch erfüllendes *Organisiertes* sich darstellt, während die beiden niederen Stufen der Legalität und der Sinnlichkeit oder des absoluten Individualismus und der Eigennützigkeit geradezu als *mechanistisch* gekennzeichnet werden müssten (es gibt eigentlich gar keine "Organisation" einer Gesellschaft mit Hilfe von Gesetzen!). Es versteht sich im übrigen von selbst, dass man von diesen niederen Stufen her Religion, Moral und Philosophie ebenfalls als lediglich *private* Angelegenheiten von *Individuen* zu verstehen vermag bzw. Religion, Moral und Philosophie werden jetzt allenfalls noch als im Einzelfalle *nützlich* (im allgemeinen aber als unnütz) begriffen.

In einer Gesellschaft nun aber, welche herabgesunken ist auf die Stufen des Eigennutzes und der Legalität (unter der Legalität können sich die Mächtigen im übrigen die Gesetze immer auch *machen,* welche sie brauchen), ist Freiheit nur noch durch das Maß der *Entfaltungs-* oder *Ausdehnungs*möglichkeiten des Individuums definiert, und auf der alleruntersten Stufe ist eben alles nur noch eine Frage der Macht – und wenn die, welche sie ausüben, auch Verstand noch besitzen (und sie werden ihn ja gewöhnlich besitzen, Vernunft allerdings besitzen sie grundsätzlich *nicht),* so spielen sie mit allem, was sie nur irgend zu ergreifen vermögen, *ihr* Spiel, machen es sich zunutze und dienstbar für ihre eigenen Zwecke – machen sich vor allem dann auch alle heiligen Begriffe noch dienstbar (denn noch immer *schmückt* man sein Ansehen, wenn man "etwas Höheres" "achtet"), wie etwa Freiheit, Recht, Gott und Gemeinschaft. Man gibt nun vor, diese alle zu wahren, zu stützen, zu stärken, während sie sich in demselben Augenblick, in dem man sie ausspricht, faktisch in Lüge, Schein, Blendwerk und Täuschung verwandeln. Und wenn wir uns nun doch der Symbolik einer *bestimmten* Religion noch bedienen: Sind Sittlichkeit und Religiosität als tatsächlich gelebte in der Gestalt des zwar notwendig gekreuzigten, aber dann doch immer lebendigen *dienenden Christus* symbolisiert, so symbolisiert sich das – *diabolische* (d.h.: das verwirrende) – System der Macht und der bloßen Legalität in den Gestalten *totalitärer politischer Herrschaft* – sei diese nun primitiv roh wie in einer Tyrannei oder ausgeklügelt "organisiert" wie in späten Demokratien.

Gegen solche Herrschaften als gegen die sich absolut setzende Macht kommen die Kräfte der Wahrheit, des Heiligen und des Guten niemals sichtbar in der Weise an, dass sie ihrerseits die – politische – Macht werden könnten, aber diese Kräfte siegen andererseits auch bereits dadurch, dass sie *erscheinen,* und das mechanistische System zerfällt dort im Nu zu Staub und zu Asche (nämlich vor dem Geist und dem Herzen), wo das organische System des "Gottesreichs" auch nur die Wirklichkeit gewinnt einer *Kirche.* Und *würde* die Kirche – gemeint ist hier die der Wahrheit, des Heiligen und des Guten und nicht die, welche sich mit der politischen Macht und ihren Prinzipien ihrerseits bereits einließ – an Boden gewinnen, so würde daraus ein Segen und eine Aufwärtsbewegung für eine gesamte Gesellschaft erfolgen. Aber das wäre zugleich auch eine Art *Wunder,* und der gewöhnliche Gang wird eher der andere bleiben. "Macht geht vor Recht" – das bleibt die Überschrift über dem Tor in die Welt, wie sie faktisch im Großen und Ganzen besteht, während "Recht ist verwirklicht" lediglich über kleineren oder größeren *Enklaven* des Religions- oder Wahrheits- oder Sittlichkeitsreichs in dieser Welt steht.

Die Gerechtigkeit Gottes

Gibt es eine Gerechtigkeit Gottes? Wenn wir Gott alles Gute zutrauen wollen (und andernfalls wäre er ja nicht mit Recht "Gott", welches Wort etymologisch zu "gut" eben gehört), werden wir ihm wie die Weisheit und die Heiligkeit (und die Schönheit) auch die Gerechtigkeit zutrauen müssen. Worin aber besteht sie?

Indessen stoßen wir hier sogleich auf das Problem, dass es bereits verschiedene *Begriffe* von der Gerechtigkeit gibt, und der etwa von Martin Luther gefundene und geradezu zum Ursprung der Reformation gewordene Begriff der "Gerechtigkeit Gottes", nach welchem Gott nicht die Guten belohnt und die Bösen bestraft, sondern den – glaubenden – Sünder gerecht *spricht* und mit seinem schöpferischen Wort auch gerecht *macht,* dürfte gerade *nicht* ohne weiteres konsensfähig sein. Tatsächlich verstehen denn Luthers Begriff inzwischen auch und gerade die Evangelischen kaum noch, er spielt mittlerweile für ihr wirkliches Glaubensleben so gut wie keinerlei Rolle mehr, und dies liegt allerdings letztlich auch daran, dass man seine unausgesprochenen *Voraussetzungen* nicht mehr kennt, geschweige denn teilt - die *idealistische* Voraussetzung vor allem, dass der Mensch unausweichlich und unwiderruflich ein Gott oder dem höchsten Guten *entsprechender* Mensch sein soll; dass er also ein in einer geradezu unendlichen Weise *Geforderter* ist! Stattdessen macht man die mit der demokratisch-zivilen *Konsum- und Anspruchshaltung* kompatible Voraussetzung, dass Gott (wenn es ihn denn überhaupt gibt) geradezu eine Zuständigkeit für das menschliche *Wohlergehen* besitze. Und wenn man dann Gott zwar *gewisse* Forderungen an den Menschen noch zubilligen möchte, z.B. die, im Großen und Ganzen die Zehn Gebote zu halten - seine *Gerechtigkeit* ist nunmehr vor allem seine *Verantwortlichkeit* gegenüber dem Menschen und dass er ihm, der sich einigermaßen gut zu sein doch zumindest bemüht (oder der sich gewöhnlich doch keines besonderen Bösen bewusst ist) auch Gutes vergelte. Und dann meint man natürlich oft genug bemerken zu müssen, dass Gott sich äußerst gleichgültig oder sogar "ungerecht" eben verhalte. Das Eigenartige ist, dass man dabei von Gott ein zu der sonst gepflogenen demokratischen und selbstverantwortlichen Mentalität grundsätzlich nicht passendes Bild von einem Monarchen oder fürsorglichen Fürsten und Landesvater wieder aufleben lässt! Generell ist man selbst souverän, aber wo man an gewisse Grenzen dann stößt, meint man eine Souveränität Gottes reklamieren zu dürfen!

Noch einmal aber, und bevor wir die Frage nach der Gerechtigkeit insbesondere *Gottes* zu beantworten suchen: wie wollen wir allgemein "gerecht" definieren? Vermutlich würden die meisten heute sozus. (gut demokratisch) das allgemeine Gerechte in der Art definieren: Gerecht ist, *wenn alle das Gleiche bekommen.* Gerecht geteilt bedeutet: jeder bekommt ein *gleich* großes Stück von dem Kuchen. Was einer z.B. *verdient* hat oder auch: was er *braucht,* spielt dabei keine Rolle. In früheren Zeiten wäre *niemand* auf den Gedanken gekommen, dgl. als gerecht zu bezeichnen. Sondern unter "gerecht" wurde so viel wie "recht und billig" verstanden, d.h.: "angemessen" oder: "entsprechend". Nicht: jedem das *Gleiche!* Sondern: jedem das ihm *Zukommende!* Jedem das *Seine!* Es kann dann zwar unter Umständen - und vielleicht des öfteren sogar - diesen Sonderfall geben: Dass "jedem das Seine" zugleich auch bedeutet: "jedem das Gleiche" (wie etwa nach dem Kriege in Deutschland im Zusammenhang mit der Währungsreform jeder ohne Ansehen der Person 40 DM erhielt), aber das ist durchaus nicht wesentlich an der Sache! Der *eigentliche* Begriff "gerecht" hat mit Angemessenheit und Entsprechung zu tun. Ein "gerechter" Lohn kann nicht ein gleicher, er muss ein angemessener sein. Und über die *Angemessenheit* wäre also zu reden, wenn die Rede von der Gerechtigkeit ist. Und wie hat es im übrigen gelegentlich Platon bemerkt: *"Die Demokratie ist eine allerliebste Staatsverfassung: zügellos, buntscheckig, eine Sorte von Gleichheit gleicherweise unter Gleiche und Ungleiche verteilend."*

Fragen wir nun entsprechend nach der Gerechtigkeit *Gottes* noch einmal, so fragen wir nach der Angemessenheit von Gottes Verhalten. Aber *wem* gegenüber? Gegenüber den Menschen? Gegenüber der Welt? Beides miteinander vermutlich! Was ist aber ein angemessenes Verhalten von Gott? Dass er den Guten Gutes und den Bösen Böses vergilt? Wie gut sind denn am Ende die Guten? Und wie böse die Bösen? Gibt es da nicht irgendwo dieses unangenehme Wort Jesu im Blick auf die von Pilatus getöteten Galiläer oder *"die achtzehn, auf welche der Turm in Siloah fiel und erschlug sie": "Meint ihr, dass diese Galiläer mehr als alle andern Galiläer Sünder gewesen sind, weil sie das erlitten haben? Oder meint ihr, dass die achtzehn schuldiger gewesen sind als alle anderen Menschen, die in Jerusalem wohnen? Ich sage euch: Nein, sondern wenn ihr nicht umkehrt, werde ihr alle auch so umkommen."* Man kann sich jedenfalls in der moralischen Beurteilung seiner selbst wie auch der andern immer auch täuschen!

"Verhält" sich indessen Gott *überhaupt?* Enthält er sich nicht eher? Hält er sich nicht eher *heraus?* Und sollten gerade hierin etwa Angemessenheit und Gerechtigkeit liegen? Vielleicht *ist* er eben der Landesvater-Gott gar nicht! Vielleicht ist er einfach nur *Geist* in dem höchstmöglichen Sinn dieses Wortes! Vielleicht will er viel mehr als ein Behütender ein *Erziehender* sein! Vielleicht ist dasjenige, woran ihm eigentlich liegt, der in die hohe Freiheit der Wahrheit herausgetriebene und so gleicherweise in Gott und für sich selbst stehende Mensch! Und dann *kann* es in seiner Gerechtigkeit immer nur eine Angemessenheit seines sich *Zurückhaltens* geben! Dann kann Gott gerade nur immer so sehr eingreifend und behütend noch sein, dass nicht *alles* schlechterdings in das Chaos versinkt; dass jedenfalls eine *gewisse* Erhaltung immer noch da ist! Aber es steht nun eben die An- oder die Zumutung doch an der obersten Stelle, und *hier* entwickeln sich die eigentlichen Probleme (oder Problemlösungen auch), die nun wirklich mit Gott und seiner Gerechtigkeit in einem Zusammenhang stehen.

Die Christen bezeichnen im Anschluss an Jesus Gott als den *Vater* und wohl nicht von ungefähr *nicht* als die Mutter, indem wir nämlich im "Vater" mehr das Erzieherische, in der "Mutter" mehr das zu Behütende zu sehen gewohnt sind. Sie begreifen ihn als Vater zwar *auch* in einem behütenden oder fürsorglichen, aber eben mehr noch in diesem strengen und idealistischen Sinn, und man muss nun gerade Luther auch wieder *Schuld* daran geben, dass er den "*lieben* Gott" in die Christenheit eingeführt hat, der am Ende so "lieb" gar nicht sein kann, gerade wenn er *die* Liebe sein will. Ja mehr noch, der als der "liebe Gott" sein *eigentliches* Werk wieder zu verderben beginnt.

Indessen ist vielleicht - und seltsamerweise - Gott sogar auch noch in diesem Sinne "gerecht" und verhält sich hier sogar nach dem Gerechtigkeits-Grundsatz "jedem das Seine", wenn er denen, welche ausschließlich den Landesvater-Gott suchen, im Großen und Ganzen auch dieser Landesvater-Gott *ist:* mal sich zuwendend, mal wieder sich weigernd, aber immer nur auf eine äußerliche Wohlfahrt bezogen und dabei allerdings niemals die *Seele* erfüllend (und von meinem Landesvater will ich ja ehrlicherweise auch meine Seele erfüllt gar nicht haben!), denen aber, welche mit ihm überhaupt nichts zu tun haben wollen, auch tatsächlich *nicht* ist! Und vielleicht ließe sich *diese* seine Gerechtigkeit sogar im

Anschluss an einen japanischen Zen-Meister beschreiben: *"Das Heil ist einem jeden gewiss, der es für gewiss hält. Es ist ungewiss einem, der es für ungewiss hält, sagte der Mönch Hosen. Bewundernswert!"* (Yoshida Kenko) - Gibt es eine Gerechtigkeit Gottes? Es ist nicht auszuschließen, dass es *mehrere* gibt und diese sich noch nicht einmal im Widerspruch miteinander befinden!

Das Verwirrende ist - und diese Verwirrung wird sich kaum aufheben lassen -, dass selbst die Kirche an diesem Punkt selten wirkliche Klarheit besitzt; dass in ihr immer wieder die anspruchs*losen* Gestalten der Gottesbeziehung das Regiment und die Oberhand haben, weil es so die Gesellschaft und der populäre Christentumsbegriff wollen. Die *eigentlich* christlichen Sätze von der anspruchs*vollen* Gerechtigkeit Gottes, dass er *gerade* den, den er mit seiner Idealität beinahe erdrückt, in einem tiefen wie auch hohen Sinne *zurechtbringen* will, gelten als unangemessen. Stattdessen stimmt man die Botschaft auf Ermäßigung und auf Anspruchslosigkeit ab, und dann geht es etwa um "Frieden, Gerechtigkeit und Bewahrung der Schöpfung" und was wir selber tun können, um unser Wohlergehen auf dieser Erde mittel- oder langfristig zu sichern. Und wenn *das* die Sache des Evangeliums oder der Gerechtigkeit Gottes unter uns ist – dann *ist* sie es unter uns eben!

Das Wort "Gott"

Wenn wir das Wort "Gott" benutzen, dann neigen wir gewöhnlich dazu, eine Substanz oder ein Subjekt anzunehmen, das wir in etwa oder in einer gewissen, aber doch erträglichen Unschärfe meinen verstanden zu haben, und nun käme es lediglich darauf an, ein wenig genauer zu werden und über dieses Subjekt oder diese Substanz etwas zu finden oder zu sagen, das nicht ohne weiteres am Tag bereits lag, aber noch an den Tag gebracht werden *kann* – am Ende gelangen wir vielleicht sogar zu einer gesamten Wissenschaft, welche Gott zu ihrem Gegenstand macht, über ihn forscht oder lehrt, wie er sich in der Natur oder in heiligen Schriften offenbart haben soll und welche sich als (natürliche oder Offenbarungs-) "Theologie" unter Umständen bezeichnet. Es fragt sich aber, ob sich nicht "Gott" gerade einem solchen Unternehmen von Anfang an schon entzieht und ob nicht ein gänzlich anderer Zugang zu dem gesamten Bezirk der geforderte wäre – nämlich die Frage zu stellen: Was können wir mit Sinn überhaupt *meinen,* wenn wir dieses Wort "Gott" zu gebrauchen beginnen? Was meinen wir vielleicht in der Tat sogar *immer schon* bei seiner Verwendung – nur haben wir es uns noch nicht in das Bewusstsein gehoben?

Sowie wir aber auf diese Art fragen, stellen wir sehr bald fest, dass das Verstehen oder der Begriff dieses Wortes durchaus *vielfältig* ist. Martin Luther sagt beispielsweise in seinem Großen Katechismus: *"Was heißt: einen Gott haben, oder was ist Gott? Antwort: Ein Gott heißet das, dazu man sich versehen soll alles Guten und Zuflucht haben in allen Nöten, also dass einen Gott haben nichts anderes ist, denn Ihm von Herzen trauen und glauben."* Luther fährt dann zwar fort, dass man sein Herz auch an etwas Falsches hängen kann, nämlich an etwas, das nicht ein wahrer, sondern lediglich ein unwahrer Gott ist, aber uns geht es hier lediglich um den *Begriff,* und danach wäre nun eben auch ein falscher Gott das, worauf man sich mit seinem Herzen – wir könnten auch sagen: mit ganzer Person – verlässt. Zweifellos trifft diese Definition einen entscheiden-den Punkt, aber genauso zweifellos müssen wir sie auch als *einseitig* bezeichnen. Luther bezieht sich auf die Etymologie und vollzieht – etymologisch zu Recht – die Gleichung "Gott"="gut". Aber das Gute ist eben nicht allein das, was uns *widerfährt* oder "gut tut", sondern es ist auch das, was durch uns *getan* werden möchte. Und so wäre der Bestimmung Luthers tatsächlich jene Fichtes unmittelbar an die Seite zu stellen: *"Gott ist, was der von ihm Begeisterte tut."* Gewiss eine genauso einseitige Bestimmung, aber eben eine notwendige Ergänzung! Im übrigen hat Fichte gewiss auch ein wenig überspitzt und paradox formuliert, und wir hätten das Gemeinte vielleicht auch so auszudrücken: "Gott ist jenes Hohe, dem einer mit seinem gesamten Sein zu entsprechen versucht." *Beides* ist göttlich: das, was wir als uns unendlich wohltuend *erfahren,* aber auch das, was durch uns an Güte, Heiligkeit, Wahrheit und Schönheit *darstellbar* ist. Und im übrigen haben wir *gewiss* mit Luther auf der Hut immer zu sein, dass wir nicht Falsch- oder Abgöttern erliegen.

Des weiteren assoziieren wir mit dem Wort "Gott" aber auch unermessliche Schöpferkraft, unermessliches Wissen, unermessliche Macht sowie unermessliche Sinnorientiertheit, und es kommt in allen diesen Zusammenhängen gerade auch auf dieses Attribut der Unermesslichkeit an; denn in *irgendeinem* Grade schöpferisch, wissend, mächtig und zielgerichtet oder sinnorientiert sind wir schließlich auch selbst.

Jetzt haben wir aber auch einen *Übergang* angezeigt oder vollzogen von einem mehrzahlfähigen zu einem *nicht* mehrzahlfähigen Begriff Gottes, und es wird uns bewusst, dass wir in der Tat selbst dann, wenn wir das Wort "Gott" lediglich in unbedachten Floskeln wie "Gott sei Dank!" oder "mein Gott!" nur verwenden, wir immer schon so etwas wie Absolutheit oder Totalität unterstellen: "Gott" wird von uns als ein "Schlechthin" oder "Alles", als ein Alldurchdringendes, Allumfangendes, Ewiges oder Unendliches vorausgesetzt oder empfunden.

Gerade das aber bringt uns nun in eine Verlegenheit und zugleich auch in eine größere *Nähe* zu dem, das wir uns hier aufzuschließen bemühen; denn dieser *nicht* mehrzahlfähige Begriff Gottes – Unermesslichkeit, Unendlichkeit, Ewigkeit usw. – ist zugleich der Begriff von etwas Anderem noch, nämlich von *Welt!* Wir unterstellen in unserem tatsächlichen Gebrauch des Wortes "Gott" irgendeine Identität zwischen Gott und der Welt! Irgendwie sind Gott und die Welt – wir halten fest: *die* Welt oder das "Universum", wie wir jetzt zur Sicherheit sagen – einunddasselbe. Lediglich jener mehrzahl*fähige* Begriff wiederum bewahrt uns davor, in der Beziehung zwischen Gott und der – absolut aufgefassten – Welt *Einerleiheit* zu unterstellen und beide Worte auch austauschbar zu verwenden bzw. auf das Wort "Gott" dann sogar zu verzichten. Wir meinen also mit "Gott" einerseits etwas Ähnliches wie mit "Welt", aber andererseits doch etwas, das sich von Welt unterscheidet.

Was meinen wir? Meinen wir die Kraft, den Sinn, die Ordnung, das Gesetz in der Welt? Offenbar nicht! Dann schon eher *den* Kräftigen, *den* Sinngebenden, *den* Gesetzgeber, *den* Ordner! Wir meinen mit Gott weniger etwas *Substanzhaftes* – das schlagen wir immer der Welt eher zu! – als vielmehr etwas *Subjekthaftes*. Wir gebrauchen das Wort "Gott" als irgendwie ein großes Er oder "Du" unterstellend. Und auch hier bekommt es erst einen Sinn – je nachdem: zu *glauben* oder zu *zweifeln,* dass es "Gott" überhaupt *gibt.* Dass es nämlich die Welt gibt und eine Kraft, ein Gesetz, eine Ordnung, irgendeinen Sinn auch in ihr, ziehen wir noch *nicht* leicht in Zweifel; und auch das bezweifeln wir nicht, dass es nahezu unendlich hochgeschätzte und gelegentlich als "Götter" apostrophierte Helfer oder Idealgestalten gibt unter den *Menschen.* Aber dieses *eine* und *einzigartige* Er oder Du, welches der – gesamten – Welt immanent wie auch gleichzeitig transzendent wäre: an es können wir glauben oder auch nicht! Und wie viel immer wir uns bei der Verwendung des Wortes "Gott" bisher klargemacht haben – von etwas dieser Art *sprechen* wir, wenn wir es nennen. Wir können davon ehrfürchtig sprechen oder respektlos, mit glühendem Herzen oder mit kaltem Verstand, leichtfertig oder bedächtig, unbedarft oder erfahren – wir *wissen* irgendwie, was wir da meinen, und sei auch dieses Wissen noch nicht begrifflich geklärt, sondern lediglich fühlend und ahnend. Auf dieses große Er oder "Du", welchem wir alle jene genannten Unermesslichkeiten der Macht, des Wissens, der Güte, aber auch des Anspruches an uns zu unterstellen gezwungen uns fühlen, richten wir auf der einen Seite all unsere Hoffnung – ihm begegnen wir aber auch mit all unserer Skepsis. Und dieses *Zwischen* – zwischen Zweifel und Glaube – charakterisiert gerade unsere Verfasstheit, wenn man uns als *religiös empfänglich* bezeichnet. Was wiederum nicht als eine *allgemeine* Eigenschaft unter den Menschen dargetan werden könnte; denn es gibt auch religiöse Stumpfheit oder Frigidität oder, wie man es gelegentlich ausgedrückt hat, Menschen, welche als religiös "unmusikalisch" bezeichenbar wären. (Dass es im übrigen aber noch ganz andere Religionen als die Gottes-Religionen in der Welt gibt, lassen wir hier einmal beiseite; denn unser Thema ist nicht die Religion, sondern allein das Wort oder der Begriff "Gott".)

Kommen wir nun aber noch etwas weiter mit unserem *Begriff,* nachdem wir uns klargemacht haben, was in dem Wort notwendig bereits steckt? Vielleicht, indem wir nach der *Seinsart* dessen fragen, das wir in unserem Sprechen mit dem Wort "Gott" immer schon unterstellen. Dass dieses Unterstellte überhaupt ein Seiendes ist, setzen wir jetzt schlechthin voraus – und damit ist nichts weiter gemeint als: wenn wir überhaupt annehmen, dass es Gott "gibt", dann nehmen wir an, dass er ein Seiendes bzw. ein Seiender ist, d.h. ein Subjekt und nicht lediglich ein Prädikat beispielsweise (im alten Griechenland konnte das Wort θεοσ ohne weiteres prädikativ gebraucht werden). Wie die Selbstvorstellung Gottes im Zweiten Buch Mose in der griechischen Übersetzung mit *"Ich bin der Seiende"* wiedergegeben wird und Fichte gelegentlich gleichsinnig sagt: *"Nur Gott ist."* Oder auch Schelling: Gott ist der Seiende, die Welt aber sein Sein. Von welcher Art also wäre das Sein dieses Seienden "Gott", wenn wir einmal voraussetzen, dass es Gott gibt? Kaum werden wir nun antworten können, dass die Seinsart Gottes im *Vorhandensein* bestehe. *"Brüder, überm Sternenzelt muss ein lieber Vater wohnen."* Ein solcher "Gott" wäre vorhanden – nur nicht gerade in unserer Nähe, sondern ziemlich entfernt. Dieser Gott würde aber eben den von uns längst schon gefundenen Vorbegriff Gottes durchaus nicht erfüllen, nach welchem Gott das der Welt immanente *wie* transzendente unendliche Du (aber auch noch mehr als das) ist. Die Seinsart der Vorhandenheit ist die der Naturdinge, so würden wir zu verallgemeinern vermögen, der von uns unterstellte Gott aber ist bereits seinem Vorbegriffe nach nicht ein Naturding. Ebensowenig aber ist er auch ein Geschichtsding, d.h. seine Seinsart ist nicht die der *Ereignung,* wie sich etwa Umstürze, Kriege oder Katastrophen, aber gewiss auch erfreuliche Geschehnisse wie politische oder rechtliche Befreiungen zu ereignen vermögen. Schließlich werden wir auch nicht behaupten, dass Gott "existiert"; denn die "Existenz" oder die Welt-Ausgesetztheit ist spezifisch die Seinsart von uns selbst – die des Menschen. Was aber dann? Wir hatten bereits gesagt, dass zwischen Gott und *Welt* eine eigentümlich nahe Verbindung besteht, und gewiss besteht wiederum die Welt aus Natur und Geschichte, und wir werden also keineswegs sagen, dass das, was wir Gott nennen, hinsichtlich Natur und Geschichte schlechterdings beziehungslos ist, sondern was wir lediglich sagen: Gott hat nicht deren *spezifisches* Sein! Welt besteht nun aber wiederum nicht *ausschließlich* aus Natur und Geschichte – wie denn solche Aufteilung ohnehin unser eigenes menschliches, und sagen wir nun: unser *geistiges* Werk ist. Und das weiterhin führt uns darauf, die Welt etwa auch in *Stoff* und *Geist* aufteilen zu können, und wir könnten auch hier wieder fragen: was ist die Seinsweise des Stoffes, was die des Geistes? Dann kämen wir auf Antworten wie: die Seinsweise des Stoffes ist das Zugrundeliegen, die des Geistes das Formen oder Bilden, das Denken, das Wollen, das Urteilen, das Schätzen oder dergleichen. Und auch davon würden wir gewiss Gott nicht einfachhin ausschließen können und würden es zumindest *einigermaßen* verträglich mit unserem Vorbegriff halten, dass Gott denkt, will usw. oder auf bestimmte Art immer zugrunde auch liegt. Aber auch dies eben trifft nicht den innersten Punkt. Dieser innerste Punkt oder das seinsmäßige Spezifikum Gottes wird einerseits noch etwas ganz Anderes und Eigenes sein, andererseits wird es alle jene anderen Seinsweisen in sich selber *enthalten.* Und tatsächlich ist vielleicht gerade dies der einzige mögliche Begriff einer *eigentümlichen* Seinsweise Gottes: der der *Enthaltung!* Ein Begriff, der – und nur deshalb leuchtet er uns auch irgendwie ein – in einer *Doppel- oder Mehrdeutigkeit* schwingt.* Um es mit dem Grimmschen Wörterbuch zu benennen (unter "Enthalten"): tenere, continere, retinere, sustentare, abstinere, und dann die deutschen Varianten: u.a. still halten, stehen bleiben, aufnehmen, beherbergen, festhalten, aufbewahren, bewahren, schützen, erhalten, unterhalten, nähren, abhalten, zurückhalten, in sich halten, fassen, sich aufhalten – alles ist in "enthalten" enthalten. Das Sein Gottes – so wie wir Gott vorbegriffen und vorgedacht haben – ist die Enthaltung, und wir führen jetzt die Vielfältigkeit lediglich noch einmal auf den wesentlichen *Doppelsinn* in diesem Ausdruck zurück: Gottes Sein in der Enthaltung ist seine Enthaltenheit im Sinne seines Dabeiseins, seiner Eingeschlossenheit in der Welt wie auch seines *sich* Enthaltens ihr gegenüber. Es spricht in diesem Begriff Einssein wie auch wieder Entzweitheit – aber beides immer auch (und das ist ein Drittes) in einem *Miteinander* verstanden.

Haben wir aber selbst auf diese Weise "Gott" nun *begriffen?* Wir haben lediglich das *Sein* Gottes begriffen, aber auch so haben wir selbstverständlich Gott – oder sollen wir sagen: Gott selbst oder in seiner Totalität noch durchaus *nicht* begriffen. Im Gegenteil eher: gerade *indem* wir die zu unterstellende

* Ich verdanke diesen Begriff meinem damaligen Studienfreund Henning Brunke/ Goslar, der ihn allerdings nicht theo-logisch, sondern onto-logisch verstand (und was hätte im übrigen wohl ein Martin Heidegger darum gegeben, diesen Begriff gefunden zu haben!).

Seinsweise Gottes begriffen, haben wir zugleich auch begriffen, dass Gott *selbst* oder Gott in seiner *Totalität* das uns schlechterdings Entzogene und also Unbegreifbare *bleibt.* Er *könnte* sich uns nicht einmal *von sich her* in seiner Totalität "offenbaren" – er könnte es sozus. auch dann nicht, wenn er es *wollte.* Oder auch so formuliert: wenn er es täte, dann müsste er uns zugleich in sich selber verschlingen.

Dieser Gedanke wirft nun aber am Ende noch einmal ein eigentümliches Licht auf das im Gange befindliche Streben der Menschheit, tatsächlich Totalität zu erfassen – die nämlich des Universums, der Welt! Die Menschheit *wird* niemals die Totalität zu erfassen vermögen – aber bereits ihr *Weg* in diesem Bestreben ist nun nach aller Vermutung ein solcher, der sie in einen Abgrund hineinführt.

Was ist der Mensch?

Die Frage "Was ist der Mensch?" wird in der Bibel im 8. Psalm als eine eher rhetorische Frage mit einem großen *Erstaunen* gestellt: *"Was ist der Mensch, Gott, dass du seiner gedenkst, das Menschenkind, dass du dich seiner annimmst? Du hast ihn wenig niedriger sein lassen als Gott und mit Ehre und Schmuck ihn gekrönt. Du hast ihn zum Herrn gemacht über deiner Hände Werk; alles hast du unter seine Füße getan: Schafe und Ochsen allzumal, dazu auch die wilden Tiere, die Vögel unter dem Himmel und die Fische im Meer und was im Meer geht!"* Der Mensch ist dasjenige Wesen, welches eine größtmögliche Nähe zu Gott hat. Und wollten wir mit Leibniz Gott als die zentrale oder universale Monade bezeichnen oder als das komplexeste Ding, das gedacht werden kann und zugleich vorausgesetzt werden muss – *nach* Gott ist ohne Zweifel der Mensch der komplexeste Organismus im Universum; er ist der Mikrokosmos, wenn Gott oder das Absolute der Makrokosmos genannt werden muss. Wir müssen ihn, als bloßen Leib schon betrachtet, für ein ganz unglaubliches Wunderwerk halten. Nicht nur Billionen von Zellen sind da in einem einzigen Wesen beisammen, sondern alles hat sich so gefügt oder geordnet, dass nicht nur überhaupt ein *lebendiger*, sondern ein ungeheuer *vielschichtiger* und *leistungsfähiger* Organismus entstand. Und nun *scheint* wohl das, was wir als die Seele bezeichnen, oder *scheint* wohl der Geist demgegenüber das relativ Einfache und sozus. auch *Dünnere*, weil Immaterielle zu sein, und es könnte einer notfalls die Seele auch durch die Funktionen von *Nerven* erklären oder den Geist als eine Art Bewegung von elektrischen Strömen, als das Vermögen dieses Organismus, leichtere oder kompliziertere Aufgaben zu lösen oder dergleichen! Wie aber, wenn nicht nur Seele und Geist das noch um ein Vielfaches Kompliziertere wären, sondern auch *ursprünglicher* noch als der Leib! Wenn sich der Geist und die Seele so etwas wie einen Leib allererst *organisierten!* Oder genauer gesagt: wenn es die Seele und der Geist wären, welche sich die von uns so genannte Materie, einen an sich toten Stoff zu etwas *Lebendigem* organisierten! Dann müssten wir zweifellos die gesamte Welt vollkommen neu und auch anders begreifen, als wir es nach dem ersten und unmittelbaren Augenschein taten! Dann wäre das Ursprüngliche *nicht* die vielleicht in Stecknadelkopfgröße verdichtete gesamte Materie, die da vor etwa 15

Milliarden Jahren einen "Urknall" erlebte, um fortan mit nahezu Lichtgeschwindigkeit auseinander zu treten und nebenbei irgendwann solche Gestalten wie uns Menschen zu bilden, für deren Kompliziertheit und Sinnerfülltheit es im Grunde nun auch eine Erklärung nicht gibt, sondern dann wäre das ursprüngliche *Gott* - nämlich Gott, der von Ewigkeit *in sich selbst alles enthält*: Stoff, Seele und Geist. Und der eigentliche "Urknall" bestünde nun darin, dass Gott in der Potenz A gleichsam aus sich selber heraustrat, um in der Potenz B nunmehr im doppelten Sinne des Wortes "enthalten" zu sein.

Diese Gotthaltigkeit der Welt würde nun aber des weiteren entweder eine lediglich verschlossene sein können, sagen wir z.B. im Stein, oder eine träumende oder ahnende, sagen wir im Tier, in welchem wir so etwas wie eine Seele erkennen, oder aber sie ist eine zu sich selber erwachte, nämlich im tatsächlich geistdurchfluteten Menschen. Wir müssen sagen: im *tatsächlich* geistdurchfluteten Menschen; denn im Menschen, sofern auch er zunächst ein Naturwesen nur ist, kann nun *wiederum* die "Gotthaltigkeit" eine lediglich verschlossene, eine lediglich schlummernde und träumende sein oder aber eben eine zur Erkenntnis ihrer selber erwachte, bis schließlich, alle Zwischentadien der Entwicklung hier einmal beiseite gelassen, ein gewisser Jesus zu sagen vermag: *"Ich und der Vater sind eins."* Und mit Angelus Silesius einmal zu sprechen: *"Die Teufel lästern Gott, das Vieh, das acht Ihn nicht,/ die Menschen lieben Ihn, die Engel schau'n sein Licht/ Stets unverwendet an. Aus diesem kannst du kennen,/ Wen du sollst Engel, Mensch, Vieh oder Teufel nennen."*

Was ist der Mensch? Der Mensch ist dasjenige Ding, in welchem die Möglichkeit steckt, in einem erfüllten Sinn mit Gott eins geworden zu sein. Was ihn dazu bringt und was ihn daran hindert, es *tatsächlich* zu werden, das wäre noch eine ganz eigene Frage. Die Bibel kennt hier den Abgrund, welcher zwischen dem von ihr sog. "Fleisch" und dem Geist sich eröffnet. Und sie meint damit, dass, wie es eine Erfülltheit, so auch eine Verfallenheit gibt unter den Menschen. Mehr noch als das "existierende", als das "ausgesetzte" wäre der Mensch insofern das *riskierte,* das *gewagte* Wesen zu nennen; denn das ausgesetzte ist einfach nur das unbehauste oder das in eine Fremde gestoßene Wesen – das Wesen, das wir eher von außen als von innen bedroht auffassen können, und als solche Wesen verstehen wir allgemein die der Natur, ganz besonders das Tier: das Tier hat nicht nur niemals mit Sicherheit seine Nahrung – es ist oft genug auch noch davon bedroht, für *andre* Tiere zu einer Nahrung zu werden; und fände es einen Ort, da es nicht Beute sein müsste, so würde dieser Ort aus irgend einem anderen Grunde unwirtlich sein, und es müsste an ihm "eingehen" oder verkommen. In dieser Weise "existiert" zwar der Mensch *auch* und *bleibt* also Natur und ist dem Tier ähnlich, aber dies ist in seinem Fall nicht der Punkt, nicht der Kern – er hat es gewöhnlich etlichermaßen verstanden, damit gleichsam fertig zu werden: er vermag sich seine Nahrung auch über den Winter und Notzeiten hin zu verschaffen und sich gegenüber allen möglichen Feinden oder Unbill zu schützen. Aber er ist über dieses alles hinaus eben darin gewagt, dass er in eine gleichsam *innere* Bedrohtheit "ausgesetzt" ist; dass es mit ihm nicht allein in seiner äußeren Existenz, in seinem natürlichen Bestand oder Wachstum, sondern auch und vor allem mit seiner nie unmittelbar verwirklichten *Bestimmung,* mit dem, was er nach seiner höchsten Möglichkeit sein *soll,* schiefgehen kann. Das Tier ist, was es ist, ob es zu seiner vollen Größe heranwächst und sich fortgepflanzt hat oder auch vorher als Beute gegriffen wird oder verhungert, aber der Mensch kann "alt und lebenssatt" sterben und viele Nachkommen haben und diesen Gut und Geld hinterlassen und ist dennoch unter Umständen (und vielleicht in den meisten Fälle sogar) nicht geworden, was er geworden sein *sollte* oder hätte geworden sein *können,* nämlich eine aufrechte und selbstbewusste Repräsentanz Gottes. Der Mensch ist gerade deshalb, weil er das eigentliche und einzige "Wesen" *Gottes* im strengeren Sinn sein soll, das Wesen, welches gewagt ist. Ein solches Wesen, das liegt in seinem Begriff, *kann* nicht ohne weiteres oder *unmittelbar* sein, was zu sein es bestimmt ist – es kann dieses nur sein durch Erfahrung, Erschlossenheit, *Ent*schlossenheit und Entscheidung hindurch. Und des weiteren bedarf es auch von der *anderen* Seite her, nämlich von der Gottes, in jedem einzelnen Falle so etwas wie eines Gerufenwerdens, einer Erwählung, und beides ist immer etwas, das auch ausbleiben kann.

Wie immer es sich aber damit auch faktisch verhält – dies bricht der *Bestimmung* nichts ab! Und kann der Mensch sein Schicksal nicht in einem guten, so muss er es in einem schlechten Sinne erfüllen! Dann wird er nicht Gottes Repräsentanz, Gottes Bild, Gottes "Ort", sondern er *ersetzt* nunmehr Gott, wird sein Zerrbild – er "spielt" gleichsam Gott und nimmt diesem usurpatorisch das Sein: lässt Gott weder *sein* noch auch *werden,* wie er doch sollte!

Wir wollen indessen hier bei der Grundlage noch bleiben, und nun bei jenem schon angedeuteten grundlegenden Unterschied in der möglichen *"wissenschaft-*

lichen" Betrachtung der Welt. Auf dieser Stufe aber unterscheiden wir nicht "Fleisch" und "Geist" (das ist die religiöse Unterscheidung), sondern *Materialismus* und *Idealismus*. Und hier ist nun auch nicht in erster Linie die Rede davon, dass der "Materialist" sich vor allem für Besitz und Geld interessiert, während der "Idealist" hochfliegende Ideale im Blick auf die Verbesserung der Menschheit besitzt, sondern "Materialismus" ist hier die weltanschauliche Voraussetzung, dass das eigentlich Seiende oder das Urseiende die Materie sei oder der Stoff, welcher dem Wissenschaftler in Gestalt etwa der z.Zt. bekannten 118 chemischen Elemente und ihrer Verbindungen bekannt ist. Als "Idealismus" demgegenüber wird die Voraussetzung bezeichnet, dass das ursprünglich oder eigentlich Seiende der Geist sei. Und kennen wir seit der Antike einen gewissen grundlegenden Fächer von Forschungs- und Wissensfeldern in der Natur- und in der Humanwissenschaft und müssen wir bemerken, dass die neuzeitliche Wissenschaft mittlerweise ganz überwiegend eine materialistische Grundlage besitzt, so würde eben alles grundsätzlich auch ganz anders gedacht, untersucht und vorgestellt werden können. Und mit einigem Recht würde gesagt werden können, dass es vor zweihundert Jahren einmal eine kurze Phase, nämlich in der sog. Goethezeit, gab, in welcher der Idealismus öffentlich über den Materialismus gesiegt hatte. Inzwischen jedoch ist die idealistische Betrachtung öffentlich so gut wie untergegangen und dazu verdammt, ein Dasein in Nischen und Reservaten zu führen - und das, obgleich eine große Anzahl von Menschen sich religiös noch als irgendwie "christlich" empfindet, und Christentum und Materialismus sind schlechterdings nicht zu vereinen.

Indessen wäre aber auch die einfache Umkehrung nicht überzeugend, Und wir könnten nicht etwa behaupten, zuerst wäre der Geist, und dann "setzte" der Geist aus sich die Materie "heraus" oder dgl. – es lässt sich auf keine Art dartun: *weder* wie aus der Materie dergleichen wie Geist *noch* wie aus dem Geist dergleichen wie Materie entstanden sein soll! Wir werden beide als *gleichursprünglich* immer voraussetzen müssen! Und gehen wir an dieser Stelle noch einmal auf die alttestamentliche Bibel zurück: *"Am Anfang schuf Gott Himmel und Erde. Und die Erde war wüst und leer, und es war finster auf der Tiefe; und der Geist Gottes schwebte auf dem Wasser."* Es waren *beide* schon da: Geist Gottes und Erde und Wasser, und Gottes Schaffen wird dann im Weiteren weniger als eine Schöpfung aus dem Nichts denn als eine besondere Ordnung oder Organisation von schon Vorhandenem aufgefasst. Oder in der anderen (und noch älteren) Schöpfungsgeschichte der Bibel:

"Gott der Herr machte den Menschen aus einem Erdenkloß, und er blies ihm lebendigen Odem in seine Nase. So wurde der Mensch eine lebendige Seele." Wir werden am Ende wohl immer die Annahme machen, dass Gott selbst oder Gott, sofern wir ihn als das Absolute auffassen können, die ursprüngliche Indifferenz oder das ursprüngliche Miteinander von Geist und Materie genannt werden kann.

Was ist der Mensch? Er ist – wie Gott – das Wesen, in dem Geist und Materie, Himmel und Erde *gemischt* immer sind! Und erst wenn sie in dem rechten *Maße* gemischt in ihm sind, ist er auch tatsächlich "der Mensch"! Diesen sozus. das rechte Maß getroffen habenden Menschen finden wir in der *neutestamentlichen* Bibel, und es ist doppeldeutig, was Pilatus dort über den gegeißelten Jesus sagt: *"Sehet den Menschen!"* Er sagt nicht lediglich: "Was für ein Mensch!" Sondern: Das ist der Mensch, wie er sein soll! Und wenn die Welt ist, wie sie ist (statt wie sie sein soll), dann ist er es eben unter dieser Gestalt! Jesus ist nicht nur als Möglichkeit, sondern als *Wirklichkeit* der gotthaltige Mensch. Und die immer wieder vollzogene Erinnerung, Vergegenwärtigung und Verinnerlichung seiner Person ist das, worum es in der nach ihm sich benennenden Kirche zu tun ist. Diese Kirche geht davon aus, dass in Ansehung dessen, dass die an ihr Teilhabenden allemal mehr nur *mögliche* als wirkliche Gottesmenschen erst sind, es immer etwas Heilsames sein muss, die Berührung mit jenem *wirklichen* Gottesmenschen zu pflegen. Oder auch anders gesagt: Die dieser Gemeinschaft Gehörenden lassen sich vor allem bestimmen oder beeinflussen durch Geist, während sie sich gegen das, was die Bibel das "Fleisch" nennt, sowohl theoretisch als auch praktisch verwahren bzw. ihm zu widerstehen bemüht sind.

Gerade von daher aber ist – im Blick auf das Maß – noch ein Letztes zu sagen: Wenn es mit unserer Unterscheidung des Menschen nach Geist, Seele und Leib seine Richtigkeit hat – müsste dann nicht auf alle Fälle eine *Harmonie* dieser drei das zu Erstrebende sein? Ganz ohne Zweifel! Wollten wir nun allerdings diese Harmonie auf dem Wege einer "demokratischen" Gleichberechtigung zu bewerkstelligen suchen, so würde sich immer nur herausstellen können, dass der *Leib* oder das "Fleisch" in die Oberhand kommt, während die wahre ewige Ordnung die von Geist zu Seele zu Leib ist. Keinem der drei sind ohne Zweifel seine Rechte zu schmälern, aber d.h. eben umgekehrt noch durchaus nicht, alle hätten auch dieselben gleichgewichtigen Ansprüche zu stellen.

Vaterland und Heimat

Die Begriffe Heimat und Vaterland gehören zusammen, sind aber auch unterscheidbar. "Heimat" meint einen stärker auf Individualität bezogenen Raum, das "Vaterland" bezieht sich auf eine größere Gruppe – das Volk. Der Begriff "Heimat" weckt gewöhnliche warme oder auch sehnsüchtige Gefühle, vom "Vaterland" lässt sich auch mit einiger Nüchternheit sprechen. In der Bibel kommen die Begriffe "Vaterland" und "Heimat" kaum vor, und sie sind an den wenigen Stellen sogleich mit den Gedanken von Auszug oder Fremdlingschaft konnotiert. Zu Abraham wird gesagt: *"Gehe hinaus von deinem Vaterland und von deiner Freundschaft!"* Jesus stellt fest, dass *"ein Prophet nirgend weniger als in seinem Vaterland gilt"*, oder auch, dass *"der Menschensohn nicht hat, da er sein Haupt hinlegen kann"*. Der Hebräerbrief sagt, wir seien *"Gäste und Fremdlinge auf Erden"* und sähen das Verheißene allein aus der Ferne bzw. wir seien als Christen solche, welche immer noch das Vaterland *suchen*. Und Paulus schreibt: *"Wir haben unsere Heimat im Himmel, von dannen wir auch warten des Heilandes Jesus Christus, des Herrn, welcher unseren nichtigen Leib verklären wird, dass er gleich werden seinem verklärten Leibe."*

Gewiss ist im Blick auf diese biblischen Stellen auch die Frage nach der zutreffenden Übersetzung zu stellen, und an der letztgenannten Paulus-Stelle zum Beispiel wird inzwischen das zugrundeliegende griechische Wort "πολιτευμα" statt wie bei Luther mit "Heimat" mit "Bürgerrecht" übersetzt, aber der sozus. existential-ontologische Sachverhalt bleibt bestehen: Heimat, Vaterland, Staatszugehörigkeit bezeichnen ein welthaftes Bedingungsgeflecht, welches unsere Identität, unser Selbstsein gewährleisten, schützen oder fördern soll und einen Gegensatz zu der "Fremde" auch meint, welche unsere Identität strapaziert, verwirrt, zuletzt sogar auflöst.

Wenn aber unsere menschliche Identität immer auch religiös-metaphysisch bedingt ist, so ist im Blick auf unser natürliches, d.h. auf unser "geburtsmäßiges" Vaterland und unsere geburtsmäßige Heimat zu sagen: diese können und werden sich zu unserer religiösen oder metaphysischen Identität immer in einem Spannungsverhältnis befinden. Heimat und Vaterland können und sollen unsere tiefste und eigentliche Identität hüten und fördern, aber sie tun dies durchaus nicht von selbst schon. Es gibt Sachverhalte oder Umstände, welche uns *in* unserem Vaterland, *in* unserer Heimat Fremde sein lassen. Und je reicher und tiefer wir um unsere eigentliche Identität *wissen,* desto fremder können wir in dem uns Angeborenen sein: desto fremder *wird* es uns, desto fremder und feindseliger *begegnet* es uns möglicherweise sogar – und dieses Letzte nun deshalb, weil in allem Natürlichen eine Trägheit, ein gewisse Schwerfälligkeit liegt, welche sich dem Geist (und der Geist muss immer scheiden, um sodann erst eine Einheit herstellen zu können) vehement widersetzt. Die vom Geist einmal ergriffene Seele möchte nichts lieber, als dass ihr natürliches Vaterland auch ihr geistliches, ihre natürliche Heimat auch ihre geistliche wäre, aber gerade so wird sie in ihnen – sich immer weiter vertiefenden – Zwiespalt gerissen. Denken wir uns einen Menschen, der längere Zeit einmal im Ausland geweilt hat (wir betrachten jetzt allein die natürliche Seite), und er kehrt nun in seine Heimat zurück oder in sein Vaterland heim; er vernimmt die vertrauten Klänge der Muttersprache (oder der Mundart): im Grunde hat sich seit seinem Fortgang durchaus nichts verändert, aber er *sieht* es nun alles noch tiefer, deutlicher, klarer, weil er es aus dem *Abstand* heraus sieht, und er sieht dabei gleichzeitig, wie jenes Unveränderte sozus. erfahrungslos ist, wie es sich selbst gar nicht kennt – seine Möglichkeit und seine Wirklichkeit nicht! Wie es nun aber auch auf diese Weise zurückfällt, sich auflöst! Einerseits fühlt sich der in der Fremde Gewesene nun geradezu doppelt zu Hause, andererseits stößt ihn etwas zurück, und er spürt einen unüberwindlichen Zwiespalt.

Das natürliche Vaterland, die natürliche Heimat werden in der gegenwärtigen Welt, in welcher die Seelen zur Erfahrung und Bewährung bestimmt sind, *niemals* mit den geistlichen deckungsgleich werden – es müssten dazu schon alle Seelen *gleichzeitig* durch die Erfahrung und durch die Bewährung hindurchgelangt sein, und wie sollte solches geschehen! Allein in einer *anderen* Welt ist dies möglich, und im Blick auf diese ist es nun wieder die Frage, inwieweit dort Geistlichkeit auch als Herkommen und Natürlichkeit überhaupt sein kann. Immerhin sagt jedenfalls der Apostel, dass unser Leib nicht ersetzt, sondern *verklärt* werden wird – und wohlgemerkt der *Leib* soll ein verklärter werden, nicht unser Blick! Sollte es also einst auch eine – real – verklärte Heimat, ein – real – verklärtes Vaterland geben? Wir werden es nicht ausschließen dürfen!

Indessen lebt aber der Christ – und immer mit dem *Gedanken* an Heimat und Vaterland, nämlich an die noch nicht geistlich gewordene natürliche und an die noch nicht natürlich gewordene geistliche Heimat – hier und jetzt: in einer Fremde, in einem Provisorium, in einem Exil. Und er muss sich in diesem nun einerseits in Nüchternheit fassen, darf weder sich fallen lassen in die Schwerfälligkeit der rein natürlichen noch sich hinwegstehlen in den Leichtsinn der rein geistlichen Welt, und er hat sich andererseits – und gerade wenn er mit dem Geist Gottes begabt ist – einer Aufgabe zu stellen. Oder wie der Apostel Paulus es ausdrückt: *"Beides liegt mir hart an. Ich habe Lust abzuscheiden und bei Christus zu sein, was auch viel besser wäre; aber es ist nötiger, im Fleisch zu bleiben, um euretwillen. Und in solcher Gewissheit weiß ich, dass ich bleiben und bei euch sein werde – euch zur Freude und zur Förderung im Glauben."* Tatsächlich ist allerdings der Apostel dann doch nicht mehr lange geblieben und hat eher mit dem von ihm hinterlassenen *Werk* als persönlich den Glauben unter den Christen gefördert.

So oder so findet die christliche Existenz grundsätzlich und wesenhaft in einer *Gebrochenheit* statt. Weder die Natur, in welcher der Geist lediglich schlummert, noch der Geist, welcher mit der Natur am Ende wieder eins werden durfte, haben das Christliche an sich – allein dieses Zwischen ist, und auch lediglich seiner *Möglichkeit* nach (aber es ist gleichzeitig die *höchste* Möglichkeit, welche es hat), christlich. Am Beginn oder wenn die Natur vorherrschend ist, ist Gott *verborgen* "alles in allem" (wie wiederum Paulus es ausdrückt), und am Ende – wenn der Geist vorherrschend ist – ist er es *offen*. Gott, nicht aber Christus!

Der Christ lebt, weil er um seiner Identitätsbezogenheit willen in einem höchsten Grade heimat- und vaterlandsbezogen sein muss, in einer oftmals geradezu bersten wollenden Gespanntheit; er kann weder von der Natur lassen und sie "zugunsten" etwa des Geistes verraten noch wird er die Natur jemals mit dem Geist sozus. zu überbilden vermögen – bzw. er wird sie zwar *hier und da* überbilden, aber doch niemals so, dass in der irdischen Heimat und im irdischen Vaterland mit irgendeiner Dauer himmlische Heimat und himmlisches Vaterland wären. Es gilt für den Christen nicht, diese Gespanntheit zum Verschwinden zu bringen, sondern sich *innerhalb* ihrer zu fassen: gewiss und getrost sich zu halten, aber auch "Biss" zu haben und mutig und aufklärend zu sein – Salz zu sein, Licht! *"Dem Christen ist jedes Vaterland eine Fremde",* so hat es in der frühen nachbiblischen Zeit ein Christ formuliert, *"und jede Fremde ein Vaterland",* und darin sollten nicht Beliebigkeit und Gleichgültigkeit ausgedrückt sein, sondern der Satz zielte zum einen auf Ernüchterung ab in dem schon erläuterten Sinne, dass es in dieser Welt ein wirkliches oder erfülltes Zuhause nicht gibt, zum andern enthält er den Trost, dass auf irgendeine Weise *jedes* Land auf der Erde ein Land Gottes des Vaters sein muss.

Und vorwärtsgehend und "beißend" und leuchtend? Jesus hat der Natur den Geist, der Welt das Reich Gottes entgegengestellt. Das "Fleisch" ist ihm das Träge, das zwar Schwergewichtige, aber darum auch Herabziehende oder Niederhaltende gewesen – es war ihm so schwach wie auch schwächend und also untüchtig, die Identität vorwärtszubringen. Allein der Geist konnte diese Tüchtigkeit haben, den Willen der Seele zu stärken, Abschiede zu nehmen und sie auf dem Weg über das Außersich zu sich selber gelangen zu lassen. Und sind zwar Welt und Gott auf gewisse Art einunddasselbe – nicht wenn das Reich der Welt ist oder selbst das auch des Menschen, herrscht für ihn Identität, sondern allein im Reich Gottes. Allein hier ist das ordnende und organisierende Prinzip namhaft gemacht und zugleich auch real.

Wenn also der Christ sich für Vaterland oder Heimat verwendet – und er hat es um Gottes selbst (und von daher dann auch des Menschen) willen zu tun (jedes indifferente Weltbürgertum kann aus Prinzip seine Sache nicht sein – vor Gott stehen nicht lediglich Exemplare, sondern Individualitäten), und dieses Sichverwenden schließt am Ende auch die Aufopferung des Lebens immer mit ein – so geschieht dies doch nur zeichenhaft, stellvertreterhaft und niemals schlechthin. Es ist ja die *geistliche* Heimat, das *geistliche* Vaterland, welche er in dem Natürlichen sucht (und mehr, als dass er das Natürliche in dem Geistlichen suchte) – die er hier einzutragen versucht (dabei allemal wissend, dass dieser Versuch in der gegenwärtigen Welt bruchstückhaft bleibt), und dies wird nun auch unter einer weiteren Betrachtung ohne Rest deutlich. "Heimat" und "Vaterland" bezeichnen nämlich *räumliche* Identitäten, und wir werden neben der räumlichen auch eine *zeitliche* Identität zu veranschlagen haben. Es ist außer Heimat und Vaterland auch die *Ewigkeit,* welche wir suchen – aber nicht die Ewigkeit, welche in dergleichen wie einer unendlichen Erstreckung von Vergangenheit, Gegenwart und Zukunft bestünde, sondern welche das unendliche Jetzt oder der unendliche Augenblick ist; die Ewigkeit, welche wir dem unbesorgten Kindsein zu unterstellen vermögen und welche wir in der Zeit alle schon hinter uns haben, ohne sie uns in diesem Leben wieder zurückholen zu können. Und dennoch haben wir diese Kindheit und Ewigkeit als ein ungetrübtes Sein *vor* uns, und ab und an stellt sie sich für Momente auch jetzt bereits ein.

Wenn wir es abschließend noch einmal aus der Perspektive des Allgemeinen betrachten: Heimat und Vaterland in einem höchsten Sinn sind nicht dieses Stehende, welches da irgendwo ist oder einst war, sondern sie sind derjenige Ort oder Raum, an oder in welchem wir Identität in der Weise besitzen, dass uns Geist und Natur, Gott und Welt, Ewigkeit und Zeit allgemein, aber auch individuell zu einer Selbigkeit und Einheit gelangt sind. Und wenn der Lateiner einst sagte: "Ubi bene, ibi patria" – *"dort wo es gut ist, ist mir mein Vaterland"*, so kann dies auch ein Christ mit frohem Herzen bejahen. Er denkt dabei allerdings nicht, dass das Gute vor allem anderen Zivilisiertheit und Bequemlichkeit ist, sondern er denkt sich das Gute als ein *geist- und gott- und ewigkeitsgetragenes* Dasein: er denkt es sich als *Kultur!*

Moralität

Brechen wir einmal eine Lanze für die *Moral!* Nein, nicht zunächst bereits für eine *bestimmte* Moral, sondern gleichsam für die *Moralität!* Für Hingabe, Mut, Selbstüberwindung, Selbstentäußerung – Selbstverleugnung, wie es die Bibel auch nennt! Nicht das eigene Wohlbefinden, sondern das Wohl bzw. sogar das Heil des *anderen* zum Maßstab seines Handelns und Verhaltens zu machen, das ist jedenfalls die Anweisung, welche seinerzeit den Christen der Apostel Paulus zu geben verstand: *"Ein jeder sehe nicht auf das Eigene, sondern auf das, was dem anderen dient."* Und wenn wir auf den Zusammenhang blicken: Paulus begründet dies religiös, er orientiert sich an Christus. Er sagt nämlich: So ist es, wenn man ein Christ ist - wenn man sich mit Christus in Verbindung befindet. Dieser *"entäußerte nämlich sich selbst",* er leistete auf etwas *Verzicht,* das sich als dergleichen wie sein "gutes Recht" ansehen ließe. Wie es denn für einen Gottessohn, für ein Gotteskind gutes Recht ist, sich königlich zu fühlen und vielmehr noch zu *halten:* einen Hofstaat zu haben und vor allem auch Diener – selbst also gerade *nicht* Diener zu sein, sondern zu herrschen, zu ordnen, sein Reich zu vermehren, ihm Wohlstand zu schaffen usw. usw. Jesus hat auf sein gutes – religiös begründetes – Recht verzichtet (*"obwohl er hätte Freude haben können, erduldete er das Kreuz erduldete und achtete die Schande gering",* wie es auch der Hebräerbrief ausdrückt) und ist Diener, ja sogar *mehr* Diener als alle andern geworden, weil es ein *höchster* Dienst war, in den er sich stellte. Er ist Diener bis hin zum Verzicht auf sein Leben gewesen – er hat es *geopfert,* um andere nicht nur am Leben zu *halten,* sondern um sie zu Leben *erwecken* zu können! Das ist Moralität aus Religion! Moralität in *Kraft* von Religion und Moralität auch auf Religion *hin!* Aber es ist eben Moralität!

Gewiss war Jesus nicht Moralist, und gewiss vermochte er auch nicht auf Religion zur Not zu verzichten. Und es zeigt sich an diesem Punkt: es gibt neben der religiös motivierten auch noch eine andere Moralität, eine Moralität, welche spezifisch das *Wohl* des andern im Auge hat, nicht aber das *Heil!* Eine Moralität, welche tatsächlich am Leben zu erhalten versucht – eine im weitesten Sinne ärztliche oder soziale Moralität. Da rettet einer dem andern das Leben – und nun auch hier möglicherweise unter dem Opfer des eignen – er tut es als Feuerwehrmann oder als Rettungsschwimmer oder als Soldat beispielsweise. Und tut er es als Soldat, so geht es unter Umständen auch um mehr als das nackte Dasein der andern – es geht vielleicht um politische Freiheit, in früheren Zeiten um die nationale Selbstständigkeit möglicherweise, in heutigen eher um die sog. demokratischen Rechte, um die bürgerlichen Freiheiten oder dgl. Aber so oder so handelt es sich dabei nicht um eine religiös, sondern um eine *sozial* orientierte Moral, und es würde Jesus für eine solche lediglich bedingt das Vorbild abgeben können. Immerhin, Moral und damit etwas Äußerstes und Hohes ist *beides!* Denn es ist *immer* etwas Hohes: eigene, persönliche Interessen zurückgestellt zu haben und sich stattdessen einzusetzen für andre – sich ihr Heil oder auch Wohl etwas *kosten* zu lassen, nämlich Zeit und Geduld oder Besitztum oder zuletzt auch das Leben! Und um er auch andersherum nun noch einmal zu sagen: *nur* dieses Sichkostenlassen ist schließen Moral, *nur* dieses Sichkostenlassen heischt Ehrfurcht und Achtung!

Und nun gibt es allerdings auch nach *beiden* Seiten hin ein lediglich niedrig stehendes Menschsein, welches sich von der Moral sozus. entfernt hat. Nach der Seite – einmal biblisch gesprochen – des "Fleisches" *und* nach der Seite des "Geistes"! Es gibt eine morallose Existenz, deren vorrangiges Anliegen darin besteht, ein langes und gesundes und möglichst ungetrübtes Leben zu haben, zu einem möglichsten abgesicherten Besitz zu gelangen und möglichst auch noch gesellschaftliches Ansehen zu finden (vielleicht das Letzte mit dem Mittel, ein Mäzen etwa zu sein oder politisch oder wissenschaftlich oder künstlerisch etwas "geleistet" zu haben). Und es gibt nach der anderen Seite hin eine morallose Existenz, deren besonderes Anliegen darin besteht, religiös vielleicht "gebildet" zu sein, religiöse – vielleicht mystische – Erlebnisse zu kennen oder auch, platt ausgedrückt, irgendwann "in den Himmel zu kommen". Man beachtet dann zu diesem Zweck eine gewisse Wohlanständigkeit, hält sich an Gebote und Gebräuche, übt Meditationen oder dgl. – aber eben alles zuletzt für sich selbst! Und es ist dann allenfalls noch das *eigene* "Fleisch und Blut", die Familie, welche man auf diesem Wege nach Möglichkeit mitnehmen möchte (wie auch in jenem anderen Falle des morallosen Zivilen). Unter Umständen und vielleicht sogar gewöhnlich *verbinden* sich auch diese beiden Arten der Morallosigkeit noch!

Es lohnt sich immer wieder einmal, auf die fünf möglichen menschlichen Selbsthaltungen nach Joh. Gottlieb Fichte (den neben Luther größten Deuter des

Evangeliums unter den Deutschen) zurückzukommen, die dieser mit einem gewissen Sinn und Recht als Stufenfolge gefasst hat. Die erste Haltung ist nach Fichte die der Sinnlichkeit oder des rein kreatürlichen Triebes, sich selbst zu erhalten. Hier wird die Welt und werden die Dinge und Verhältnisse daraufhin angesehen, inwiefern sie mir nützen oder auch ein Vergnügen bereiten, und es lässt sich ja auf einen solchen Gesichtspunkt eine gesamte Existenz durchaus stellen. Die Welt wird dann in der Wirklichkeit zu einem Machtgeschiebe, in welchem jeder sich selbst zu behaupten versucht. Und was hier an Religion, an Moral oder an Wissenschaft irgendwie in den Blick kommt, wird ebenfalls nach seiner Nützlichkeit oder Vergnüglichkeit (bzw. danach, ob es "Spaß macht") nur noch beurteilt. Die religiöse und moralische – oder besser: die pseudoreligiöse und pseudo-moralische Logik ist dann von der Art: ich muss in einem gewissen Grade fromm oder anständig sein, um mir nicht *künftigen* Nutzen oder *künftiges* Vergnügen selbst zu verscherzen. Die zweite Haltung ist die der Legalität. Hier sagt der Verstand, dass die reine Sinnlichkeit oder der reine Eigennutz an sich selbst etwas Verderbliches oder Zerstörerisches besitzen und durch allgemeinverbindliche Regeln gezügelt sein müssen, um das Gesamt, damit aber auch wieder den Einzelnen in einer erträglichen und bekömmlichen Ordnung zu halten und so das Leben davor zu bewahren, *nur* noch ein Kampf um das Dasein oder eine rastlose Jagd nach dem Vergnügen zu sein. Die legalistische oder das Gesetz achtende Haltung oder Selbsthabe löst sich insofern bereits von der ersten Stufe ein wenig – aber doch nicht ganz; denn der Nützlichkeits- wie auch der Vergnügungsgesichtspunkt sind hier nicht grundsätzlich *überwunden;* diese Gesichtspunkte lassen sich sogar mit Hilfe – oder besser: unter Benutzung von Gesetzen – nur umso bequemer, nämlich abgesicherter zur Geltung noch bringen. Die dritte, die moralische Selbsthabe nun fasst das Gute – als eine Idee – um seiner selbst willen ins Auge und stellt den Eigennutz oder das sinnliche (und soziale) Wohlbefinden, mögen diese legal oder nicht legal sich begründen, gegenüber dieser zurück. Sie stellt überhaupt über das Individuelle das Allgemeine; denn das Gute kann nicht ein *Besonderes,* es kann nicht nur ein für mich, sondern es muss – zumindest der Möglichkeit nach – ein für *alle* Geltendes sein. Die Gesetze *intendieren* dies möglicherweise, und auch die Sinnlichkeit hat ein Recht, indem sie letztlich so etwas intendiert wie die *Freude,* aber erst unter das Ideal des Guten gestellt, können beide in Wahrheit zu ihrer eigentlichen

Möglichkeit oder zu sich selber gelangen. Es fragt sich nun eben nur, wie dieses Gute näher gefasst ist und ob es genügt, es etwa als "Leben und Freude" *für alle* begriffen zu haben, ob nicht vielmehr seine Idee in sich selbst zunächst noch einer Klärung und Entscheidung bedarf. So sagt denn der vierte Gesichtspunkt, es ist in dem menschlichen Dasein noch ein großes und göttliches Geheimnis enthalten, und erst, diesem verbunden zu sein, qualifiziere das Gute als ein Gutes in Wahrheit. Das Leben will unter diesem Gesichtspunkt nicht als ein Leben an sich oder überhaupt, sondern als ein göttliches oder geradezu als das Leben Gottes selbst realisiert sein. Und so fragt denn das religiöse Bewusstsein nach der göttlichen Idee selbst bzw. erkennt *sie* als das Gesetz und hat an *ihr* seine Freude, erfasst sie als das, was wahre Ruhe verschafft und wahres Vergnügen bereitet. Und die fünfte Selbsthabe zuletzt ist dann die, welche all diese Zusammenhänge ausdrücklich auch weiß und sie gedanklich oder begrifflich abzuleiten oder zu konstruieren vermag.

Nun kann zwar diese Stufenfolge in der Art einer *Pyramide* mit einem gewissen Recht dargestellt werden, und es werden dann die sinnlichen und auf Eigennutz eingestellten Menschen als die am weitesten verbreiteten die große Menge und also quantitativ die Basis bedeuten, nur notdürftig durch Gesetze im Zaume gehalten, ihrem Eigennutz freien Lauf immer zu lassen, und es kämen als nächste, dem Umfange nach schon weniger werdend, die Gesetzlichen, die da vielleicht auch nur die Duckmäuser wären und lediglich zu ängstlich, einmal so recht aus ihrer kreatürlichen Tiefe zu sein und "über die Stränge" zu schlagen. Und dann die Moralischen, die "Gutmenschen", die eine *allgemeine* Idee überhaupt haben und sich nun um ihre Realisierung bemühen. Und dann eben die Religiösen und schließlich, als Spitze, die Philosophen oder die Weisen. Aber wir könnten und müssen nun andererseits sagen: Was liegt schon daran, hier überhaupt zu quantifizieren? Wofür oder für wen ist das interessant, wie *viele* Menschen es im Sinne der jeweiligen Selbsthabe gibt? Um eine Stufenfolge handelt es sich allerdings dennoch, und es wird nie jemand sein menschliches Dasein als Weiser oder Religiöser oder Moralischer sogleich schon *beginnen.* Aber selbst dieser Prozess der Entwicklung läuft zwar nach Möglichkeit bis zu einer letzten *Höhe* hinauf und hat dennoch in ihr *nicht* sein Ziel – wohl sein Ziel, wenn es sich um den *Gedanken,* nicht aber sein Ziel, wenn es sich um das *Existieren* handelt. Sondern im Existieren ist das Äußerste diese Stufe der *Mitte,* die eben der *Moralität* – und die Moralität verträgt es auch am *wenigsten* unter den drei letzten, lediglich im Gedanken zu sein: allein eine *gelebte* Moralität ist auch eine *wahre* Moralität! Die Philosophie ist an sich selbst reines Denken, die Religion ist mehr Fühlen als Denken, aber auch mehr Fühlen als Handeln. Und nach der anderen Seite hin sind zwar die Gesetzlichkeit und die Sinnlichkeit Handeln (oder auch Unterlassen), aber noch in der Ungebrochenheit, noch in einer Art *Dumpfheit* – und sie *bedürfen* es immer, zu Fassung, zu Gefühl und zu Klarheit zu kommen.

Es läuft also, was das menschliche Existieren betrifft, alles zu auf die Moralität, und wir haben sie in diese Mitte tatsächlich und eigens zu *stellen,* in welcher sie sich sozus. für die Betrachtung auch schon immer befindet. Fichte selbst hält im übrigen die religiöse und die Gelehrtenexistenz tatsächlich allein *dann* für die höchste, wenn sie moralisch gefasst ist: *"Gott ist, was der von ihm Begeisterte tut!"* Das gottbegeisterte *Tun* ist das Äußerste, das in einem Menschendasein gedacht oder erreicht werden kann. Das *gottbegeisterte* Tun wäre aber auch zugleich *diejenige* Moral bzw. *dasjenige* moralische Sein, in welchem es um den *Geist* und nicht um das Fleisch geht; um dergleichen zuerst wie das *Heil* und nicht um das *Wohl.* Und wie von den beiden unteren Selbsthaben her eine gewisse Spitze und grundsätzlich andere Stufe in der moralischen Haltung erreicht wird (die nämlich der Selbstüberwindung zugunsten eines Allgemeinen), auch wenn diese sich selbst noch gar nicht zu verstehen vermag und zwangsläufig befangen noch bleibt in einer Moralität des sozus. "Reellen" oder des Wohlseins, so läuft es von der Spitze der Pyramide und von der Religion mit umso größerer, weil nämlich wach gewordener Dringlichkeit zurück nunmehr in die *ideelle* Moraltät.

Ohne Zweifel ist die Moralität Jesu religiös-ideelle Moralität, und er hat die ihm von der Menge beständig angemutete *reelle* Moralität immer wieder auch *zurückzudrängen* gehabt. Er widersteht aber ebenso dem Gelehrtentum, wo dieses nichts als Gelehrtentum sein will, und der Religion, sofern diese Moralität zu sein sich verweigert. Jesus bedient weder allzu bald das Bedürfnis des "Bauches" noch das des Gesetzes, der sozialen Gerechtigkeit, des politischen Friedens oder dergleichen; und er vertritt nicht die Religion der Gesetzlichkeit, aber auch nicht die des Gefühls oder der Bildung, des Wissens. Das für ihn wichtigste Organ ist gleichsam immer das *Herz* (welches ja im übrigen auch im Aufbau des menschlichen Körpers in der Mitte *zwischen* dem Bauch und dem Kopf sich befindet); die Haltung Jesu ist die der *Beherztheit,* und es bleibt eben am Ende immer nur diese – gleichwohl entscheidende – *Nuance,* dass seine Beherztheit von der Religion her ist, von einem elementaren Wissen um die Idee, und nicht von dem "Reellen", von der Sinnlichkeit oder von dem Gesetz.

Und so muss denn auch für uns selbst, denen daran etwas liegt, ihm zuzugehören, der letzte Maßstab für alles Handeln und Sein diese *seine* Moralität immer bleiben oder immer neu wieder werden. Auf *sie* hat sich all unser Wissen, all unsere Religion zu beziehen – und gewiss auch unser Gesetzesgehorsam oder unsere Sinnlichkeit letztlich. In ihr haben wir uns zu bewähren. In ihr entscheidet es sich, wer wir sind bzw. ob wir die sind, die wir sein können und sollen. Und will zwar unser Gott seine Sonne immer über Guten *und* Bösen aufgehen lassen, pflegt er sein *Wohlwollen* an *alle* immer neu zu verteilen: wir wissen das Heil vom Wohl *unterschieden,* und so wissen wir überhaupt eine letzte Entscheidung! Unsere Frage lautet nicht lediglich: Handle ich zugunsten meiner persönlichen Interessen oder habe ich ("auch") das Allgemeinwohl im Auge? Sondern sie lautet: Handle ich zu meinen eigenen Gunsten oder handle ich für Gott und die Menschen – nämlich für Gott in und unter den Menschen? Und "Gott in und unter den Menschen – und einmal auch Gott alles in allem": das ist die Wirklichkeit, welche sein *soll!* Ihr hatte sich Christus verschrieben. Ihr haben auch die Christen sich zu verschreiben!

Printed by Books on Demand GmbH, Norderstedt / Germany